Andrew Wommack

Ein sicheres Fundament

EIN SICHERES FUNDAMENT

BAUE DEIN LEBEN AUF DIE UNERSCHÜTTERLICHE WAHRHEIT VON GOTTES WORT

Andrew Wommack

Grace today VERLAG

Originally published in the USA by

A Sure Foundation

Die englischsprachige Originalausgabe erschien im Verlag *Harrison House Publishers* unter dem Titel *A Sure Foundation* © 2019 by Andrew Wommack Ministries. This translation of *A Sure Foundation* is published by arrangement with Harrison House.

Die Deutsche Nationalbibliothek verzeichnet diese Publikation in der Deutschen Nationalbibliografie; detaillierte bibliografische Daten sind im Internet über https://dnb.de abrufbar.

Umschlaggestaltung: Harrison House Publishers
Corporate Design: spoon design, Olaf Johannson
Übersetzung: Gabriele Kohlmann
Korrektorat: Thilo Niepel
Satz: Grace today Verlag
Druck: CPI Clausen & Bosse, Leck
Printed in Germany

1. Auflage 2024

Paperback: ISBN 978-3-95933-270-5, Bestellnummer 372270
E-Book: ISBN 978-3-95933-271-2, Bestellnummer 372271

www.gracetoday.de

INHALT

EINLEITUNG

Deine Einstellung zu Gottes Wort bestimmt deine Beziehung zu Gott und auch deinen Glauben an ihn. Die Bibel sagt dazu Folgendes:

> *So kommt der Glaube aus dem Hören, das Hören aber durch das Wort Christi. — Römer 10,17* LUT

Unsere heutige Gesellschaft ehrt oder achtet das Wort Gottes nicht wirklich. Sie misst ihm nicht den Stellenwert bei, den es haben sollte. Und diese Abwertung seines Wortes hat sich auch in die Gemeinde eingeschlichen. Viele der Menschen, die sich Christen nennen, schätzen das Wort Gottes nicht so, wie sie es sollten. Wenn sie danach gefragt würden, ob sie die Bibel als Gottes Wort ansehen, würden sie wahrscheinlich antworten: »Selbstverständlich glaube ich, dass die Bibel Gottes Wort ist.« Doch genauer betrachtet, verstehen oder schätzen sie das Wort Gottes nicht besonders.

Wenn Satan das Wort Gottes so weit diskreditieren kann, dass du es anzweifelst, dann wird das Fundament deines Glaubens Risse bekommen. Er fällt dann in sich zusammen. Alles im Leben eines Christen baut auf der Art und Weise auf, wie er das Wort Gottes betrachtet. Um im Glauben zu leben und nicht im Schauen, bedarf es eines sicheren Fundaments im Wort Gottes!

Deshalb ist »Ein sicheres Fundament« auch der Name des ersten Kurses, den unsere neuen Studenten am *Charis Bible College* absolvieren. In vier Unterrichtsstunden vermittle ich ihnen, dass

Gottes Wort absolut wahrhaftig und zuverlässig ist. Mein Ziel ist es, dafür zu sorgen, dass jede Person, die ans College kommt, mit der richtigen Einstellung gegenüber dem Wort Gottes beginnt.

Du bist eingeladen!

Das ist nichts, was du einfach so auf gut Glauben akzeptieren musst, denn das Wort selbst gibt uns Aufschluss über dessen Glaubwürdigkeit und Richtigkeit. Gottes Wort unterweist uns und erklärt uns, wie wichtig das Wort Gottes in unserem Leben sein sollte.

Deshalb möchte ich dich zu einer gemeinsamen Entdeckungsreise einladen. Sie wird deinen Glauben stärken und deine Beziehung zu Gott vertiefen. Wenn du die Wahrheiten, die ich dir im Wort Gottes zeigen werde, akzeptieren und von ganzem Herzen annehmen kannst, wird das einen großen Unterschied in deinem Leben machen. Du wirst echtes Wachstum erfahren und zu größerer Stabilität, Reife und Fruchtbarkeit in deinem Leben als Christ hingeführt werden. Wenn du dann den Listen des Teufels entgegentrittst, wirst du merken, dass du fest auf einem sicheren Fundament stehst!

KAPITEL 1

Von Gott geschrieben

Viele Christen heutzutage denken, das Wort Gottes sei nur eine vage Darstellung dessen, was Gott wirklich sagen wollte. Sie glauben, dass es von Menschen verändert und falsch übersetzt worden sei. Aber die Bibel lehrt etwas anderes über sich selbst.

> *Alle Schrift ist von Gott eingegeben und nützlich zur Lehre, zur Überführung, zur Zurechtweisung, zur Unterweisung in der Gerechtigkeit. — 2. Timotheus 3,16* ELB

Die Formulierung »von Gott eingegeben« ist eine Übersetzung des griechischen Wortes *theopneustos*, welches sich aus *theos* und *pneo* zusammensetzt. Laut Strong's Konkordanz bedeutet das Wort *theos* »Gottheit; insbesondere höchste Gottheit«, und das Wort *pneo* bedeutet »stark atmen«. Daher bedeutet das Wort *theopneustos* wörtlich »von Gott geatmet«. Verschiedene Übersetzungen geben dieses griechische Wort als »gottgehaucht« wieder. Gott hat Menschen inspiriert, die Heilige Schrift zu schreiben. Sie wurden von Gott berührt, während sie schrieben.

Dies sagt deutlich aus, dass die Prophetien des Alten Testaments nicht einfach die Ansichten von Einzelpersonen waren. Vielmehr waren es von Gott eingegebene – gottgehauchte – Äußerungen, denen man voll und ganz vertrauen und auf die man sich absolut verlassen kann.

Das Wort Gottes offenbart, dass die Menschen so schrieben, wie sie vom Heiligen Geist inspiriert und auf übernatürliche Weise bewegt wurden.

> *Dabei sollt ihr vor allem das erkennen, dass keine Weissagung der Schrift von eigenmächtiger Deutung ist. Denn niemals wurde eine Weissagung durch menschlichen Willen hervorgebracht, sondern vom Heiligen Geist getrieben haben die heiligen Menschen Gottes geredet.*
> *— 2. Petrus 1,20–21*

Was das griechische Wort »getrieben« in diesem Vers angeht, so sagt W. E. Vine in seinem *Vine's Expository Dictionary of Old and New Testament Words* über dessen Bedeutung, »dass sie von der Kraft des Heiligen Geistes ›vorwärts getragen‹ oder angetrieben wurden, nicht nach ihrem eigenen Willen handelten oder einfach ihre eigenen Gedanken ausdrückten, sondern die Gedanken Gottes in Worten zum Ausdruck brachten, die von ihm bereitgestellt und übermittelt wurden«.

Es gibt einen ganzen Wissenschaftsbereich, der sich Apologetik nennt. In diesem Bereich verwenden Forschende eine Vielzahl von Fakten, um die Unfehlbarkeit von Gottes Wort logisch und intellektuell zu beweisen. Sie gehen ins Detail, um zu zeigen, dass die Bibel wirklich von Gott an uns geschrieben wurde. Sie wurde nicht von Menschen verfasst, die dann Fehler machten, als sie ihre eigenen Gedanken niederschrieben, sodass wir nun herausfinden müssen, welche Teile von Gott und welche von Menschen stammen. Nein, die Bibel ist Gott, der durch Menschen zu uns spricht. Bestimmte Personen haben ihre gesamte Laufbahn und ihren Dienst dieser Art von Bestreben gewidmet. Sie zeigen uns, wie sich Hunderte von Prophezeiungen, die im Wort Gottes ausgesprochen wurden, bis ins kleinste Detail erfüllt haben und in einigen Fällen auch noch dabei sind, sich zu erfüllen! Das bedeutet, es gibt keinen Zweifel daran, dass die Heilige Schrift gottgehaucht und von Gott inspiriert ist.

Viele Menschen heutzutage haben tatsächlich mehr Vertrauen in Dinge wie Wissenschaft, Archäologie, Geschichte, Mathematik und Medizin als in das inspirierte Wort Gottes. Sie stellen die Aufzeichnungen der Bibel in Frage, insbesondere in Bezug auf bestimmte Personengruppen und Örtlichkeiten, und behaupten, diese hätten nie wirklich existiert. Doch immer wieder finden sich neue bzw. weitere Belege und es zeigt sich, dass die Zweifler falsch liegen und das Wort Gottes wahr ist.

Was ist wahr?

Da wir nicht über die Originalmanuskripte der Inhalte des Alten und des Neuen Testaments verfügen, sondern unsere Übersetzungen auf Abschriften von Abschriften basieren, wird das Wort Gottes von Intellektuellen immer wieder in Frage gestellt und angegriffen. Sie behaupten: »Es ist nicht exakt wiedergegeben. Deshalb können wir den Inhalten nicht trauen. Wir können sie nicht einfach glauben.« Es gibt also Menschen, die am Wort Gottes festhalten, und andere, die den Intellektuellen Glauben schenken. Doch immer bleibt die Frage: »Was ist wahr?«

Bedenke dies: Jesus und die Apostel hatten nicht die Originalschriften vor sich, wenn sie aus dem Alten Testament zitierten. Sie bezogen sich auf die griechische Septuaginta-Übersetzung, die zwei bis drei Jahrhunderte nach den ursprünglichen Schriften und zwei bis drei Jahrhunderte vor ihrer eigenen Zeit angefertigt worden war. Es waren also etwa fünf oder sechs Jahrhunderte vergangen, seit die ursprünglichen Schriften verfasst worden waren, doch Jesus und die Apostel hatten volles Vertrauen, dass die griechische Übersetzung das Wort Gottes darstellte.

Erwäge folgende Fakten:

- Jesus zitierte während seiner Begegnungen mit dem Teufel in der Wüste dreimal die griechische Septuaginta (Mt 4 und Lk 4), und es hat jedes Mal funktioniert und den Satan geschlagen.
- Paulus zitierte ebenfalls die griechische Septuaginta. Sein Brief an die Galater drehte sich im Wesentlichen um einen einzigen Buchstaben dieser Übersetzung. Paulus stützte seine gesamte Argumentation in Galater 3 auf das Wort »Same« anstelle von »Samen« (Gal 3,16).

Sowohl Jesus als auch Paulus glaubten, dass die Heilige Schrift auch durch eine Übersetzung nichts von ihrer Inspiration verliert, sondern bis hin zu einem einzelnen Buchstaben eines Wortes erhalten bleibt.

Auch der Verweis auf »die heiligen Schriften« (Röm 1,2 und 2Tim 3,15) unterstreicht diesen Punkt. Gottes Wort – das, was wir die Bibel nennen – wurde von ihm inspiriert, und er selbst bewahrt es, sodass wir an seiner göttlichen Natur teilhaben können (2Petr 1,3–4). Ohne Gottes Wort ist es uns nicht möglich, daran teilzuhaben.

Zwischen 1946 und 1956 wurden die Schriftrollen vom Toten Meer entdeckt und lieferten viele Beweise für die Richtigkeit der Bibel. Diese Schriftrollen waren sehr alt im Vergleich zu den moderneren Abschriften, auf denen unsere heutigen Übersetzungen beruhen. Doch als die Experten sie miteinander verglichen, waren die meisten Unterschiede unbedeutend – es handelte sich hauptsächlich um kleine Abweichungen in der Handschrift, die keinen wesentlichen Unterschied ausmachten.

Bei der Überprüfung der wenigen Unterschiede, die überhaupt von Bedeutung waren, wie etwa ein falsch geschriebenes Wort oder ein durch einen anderen Begriff ersetztes Wort, zeigte sich, dass die Schriftrollen vom Toten Meer dennoch die Richtigkeit dessen bestätigen, was wir heute haben. Im Buch Jesaja blieben von den Hunderten angeblichen Abweichungen, die einen wirklichen Unterschied gemacht hätten, nach genauerer Untersuchung und Deutung nur noch fünf übrig. Obwohl also zwischen unseren Abschriften und den ursprünglichen Manuskripten Generationen liegen, bestätigen die Schriftrollen vom Toten Meer die Richtigkeit des Wortes Gottes auf eine Weise, die keinen Zweifel daran lässt, dass Gott hinter alldem steht.

Die Bibel nimmt unter allen Büchern, die jemals geschrieben wurden, in mehrfacher Hinsicht eine Sonderstellung ein. Erstens wurde sie über einen Zeitraum von etwa 1400 Jahren hinweg von etwa vierzig verschiedenen Personen geschrieben. Die Verfasser stammten aus verschiedenen Nationen und aus völlig unterschiedlichen Gesellschaftsschichten und Lebensumständen, und ein Großteil von ihnen war mehrerer Sprachen mächtig. Über kein anderes Buch lässt sich so etwas sagen.

Die Bibel ist auch hinsichtlich ihres Einflusses auf die Welt einzigartig und unübertroffen. Kein anderes Buch hat die Zivilisation so sehr geprägt wie die Bibel, und kein anderes Buch wurde häufiger veröffentlicht oder in mehr Sprachen übersetzt. Weltweit wurden bisher über vier Milliarden Exemplare der Bibel in Umlauf gebracht, wobei allein in den USA jedes Jahr zwanzig Millionen Exemplare verkauft werden. Die Bibel wurde schon in 2200 Sprachen und Dialekte übersetzt und erreicht damit über 90 Prozent der Weltbevölkerung.

Zweifellos hat der Missbrauch der Bibel durch Menschen viele Probleme verursacht, aber das Gute überwiegt bei weitem das Schlechte. Und an dem Schlechten war nicht die Bibel an sich schuld, sondern die Fehlinterpretation der Heiligen Schrift durch einzelne Personen, die damit ihre persönlichen Ziele und Zwecke verfolgten.

Anhand der schieren Menge an Abschriften der Bibel im Vergleich zu allen anderen historischen Schriften lässt sich hervorragend der Beweis für ihre Genauigkeit führen.

Wenn man kein Originaldokument, sondern nur zwei Abschriften des Originals besäße und es Unterschiede zwischen diesen Abschriften gäbe, wäre die Wahrscheinlichkeit, dass eine der Abschriften korrekt ist, fünfzig zu fünfzig. Wenn man vier Abschriften eines Originaldokuments hat und drei davon identisch sind, besteht eine 75-prozentige Chance, dass alle drei richtig sind.

Es gibt Tausende und Abertausende von Abschriften und Schriftrollen der Bibel, allein rund 24.000 Abschriften des Neuen Testaments. Das gibt uns Grund genug, auf die Genauigkeit der Abschriften zu vertrauen. Viele historische Dokumente, auf denen ein Großteil unseres Geschichtswissens beruht, werden ohne Wenn und Aber als gesichert akzeptiert, obwohl nur acht bis zwanzig Abschriften existieren. Es gibt unendlich viel mehr Belege für das Leben und Wirken Jesu als für die Existenz von Julius Cäsar, und dennoch wird Julius Cäsar nicht angezweifelt. Das sagt uns etwas über die Macht und Wirksamkeit der Heiligen Schrift und über Satans Furcht vor der Bibel, die Grund für seinen Kampf gegen sie ist. Es gibt einen dämonischen Widerstand gegen die Heilige Schrift, und diejenigen, die an der Bibel zweifeln, stehen unter diesem dämonischen Einfluss.

Von den Büchern der Antike kommt Homers *Ilias* der Bibel am nächsten, was die Anzahl der Manuskripte angeht. Von der *Ilias* gibt es weniger als 1900 Abschriften des Originals. Aus mathematischer Sicht garantiert die schiere Menge der Abschriften des Neuen Testaments mit 99,5-prozentiger Sicherheit, dass die Übersetzung erhalten geblieben ist.

Bei dieser relativ geringen Anzahl von Abschriften der homerischen *Ilias* sind mehrere hundert Zeilen in Frage gestellt, während bei den insgesamt 24.000 Abschriften des Neuen Testaments nur einige Dutzend Zeilen in Frage stehen, wobei keiner dieser Punkte einen wesentlichen Unterschied ausmacht. Die dem Original am nächsten liegende Abschrift der *Ilias* wurde fünfhundert Jahre nach Homers ursprünglichem Text geschrieben, während die den Schriften des Neuen Testaments am nächsten liegende Abschrift weniger als fünfzig Jahre nach den Originalen verfasst wurde.

Das bedeutet, dass zahlreiche Zeugen der im Neuen Testament aufgezeichneten Ereignisse noch am Leben waren, als die ersten Abschriften angefertigt wurden. Hätten diese Exemplare Fehler enthalten, wäre die Richtigkeit dieser Abschriften sicherlich von irgendeinem Zeitzeugen bestritten worden. Das ist aber nicht geschehen. Genau das Gegenteil ist der Fall. Diese Abschriften wurden noch zu Lebzeiten der Augenzeugen weithin verwendet und der ausbleibende Widerspruch der Menschen, die diese Dinge selbst erlebt hatten, ist eine Bestätigung für die Richtigkeit der Inhalte.

Wie ich gelesen habe, wurden die Inhalte der Bibel derart häufig von Schriftstellern der Antike zitiert, dass es aufgrund dieser Tatsache möglich war, bis auf elf Verse sämtliche Schriften des Neuen Testaments zu rekonstruieren, auch die Teile, von denen es keine Abschriften gab. Das ist phänomenal! Es gibt in der Geschichte der Menschheit keine anderen Schriften, die eine solche Authentizität aufweisen. Dennoch werden viele andere Dokumente mit weitaus weniger Glaubwürdigkeit als authentisch anerkannt, während die Bibel abgelehnt wird. Das ist in intellektueller Hinsicht nicht aufrichtig. Aufgrund des antichristlichen Geistes besteht gegenüber der Heiligen Schrift ein Vorurteil oder eine Skepsis, die es bei anderen Dokumenten nicht gibt. Dieser Geist ist heute sehr lebendig und agiert gegen alles Göttliche.

Wenn du also mehr über diese naturgemäßen Fakten wissen willst, die bestätigen, dass die Bibel tatsächlich wahr ist, empfehle ich dir, dich mit der sogenannten Apologetik zu beschäftigen. Diejenigen, die sich damit befassen, untersuchen die Details und zeigen wichtige Beweise in verschiedenen Forschungsbereichen auf. Obwohl Apologetik nicht meine Stärke und auch nicht mein Schwerpunkt ist, kommen wir doch zu demselben Schluss: Das Wort Gottes ist nicht fehlbar. Es ist absolut unfehlbar. Es ist von Gott geschrieben!

Zahlreiche Fehler?

Vielleicht sagst du jetzt: »Aber nein, es gibt Tausende von Fehlern im Wort Gottes.« Nun, ich räume ein, dass manche Wörter in sehr alten Bibelfassungen anders geschrieben sind als in neueren. Und manchen Leuten reichen diese Abweichungen schon aus, um zu behaupten: »Das ist falsch.« Nein, das ist es nicht. Das sind nur alte Schreibweisen, aber keine Fehler oder Irrtümer.

Wenn zu mir jemand sagt, es gebe viele Fehler im Wort Gottes, sage ich: »Dann zeig sie mir.« Es gab schon Leute, die dann 2. Mose 20,13 anführten, wo es heißt: »Du sollst nicht töten!« Sie vergleichen dies mit Matthäus 19,18, wo im griechischen Text »Du sollst nicht morden« steht. Sie argumentieren: »Siehst du, genau da. Das ist falsch. Im Alten Testament heißt es ›töten‹ und im Neuen Testament hat Jesus das Wort ›morden‹ benutzt.«

Aber dasselbe griechische Wort, das in Matthäus 19,18 in manchen Übersetzungen mit »morden« übersetzt wurde, ist in Markus 10,19 und Lukas 18,20 mit »töten« übersetzt worden; dort sagt Jesus: »Du sollst nicht töten!« Ich glaube, der Herr hat die Übersetzer hierzu inspiriert, denn es gibt kein einziges Wort in unserer Sprache, das die ursprüngliche Bedeutung des hebräischen Wortes »töten« in 2. Mose 20,13 angemessen wiedergibt.

Würde man »töten« im engsten Sinne auslegen, dann wäre das Töten von Tieren zu Speise- oder Opferzwecken verboten. Es wäre uns auch verboten, uns zu verteidigen oder von Gott sanktionierte Kriege zu führen, obwohl die Heilige Schrift für beides genügend Rechtfertigung liefert.

Würde man den Begriff »morden« im engsten Sinne auslegen, wären auch Dinge wie fahrlässige Tötung erlaubt, da sie keinen Vorsatz beinhalten (2Mo 21,28–29 und 2Mo 22,8).

Die ursprünglichen Sprachen, in denen die Bibel geschrieben wurde, Hebräisch und Griechisch, sind wesentlich anschaulicher und ausdrucksstärker als unsere Sprache. Wenn Gott also in 2. Mose 20,13 und Matthäus 19,18 beide Male gesagt hätte: »Du sollst nicht töten«, dann wären Selbstverteidigung und das Töten von Tieren zusammen mit vielen anderen Dingen, die die Bibel als zulässig ansieht und bestätigt, nicht erlaubt gewesen. Wären hingegen beide Verse mit »Du sollst nicht morden« übersetzt worden, dann würde auch das nicht vollumfänglich ausdrücken, was Gott hiermit meinte, denn Mord bedeutet, einem Menschen in böser Absicht Schaden zuzufügen. Mit anderen Worten, es muss vorsätzlich und geplant sein.

Perfekt wiedergegeben

Wenn wir »Du sollst nicht töten« (2Mo 20,13) mit »Du sollst nicht morden« (Mt 19,18) verbinden, sehen wir, dass das Wort Gottes den Sinn dahinter perfekt wiedergibt. Es erklärt sich selbst. Während »morden« oder »töten« allein als Übersetzung nicht ausgereicht hätte, erhalten wir durch die Verwendung von zwei unterschiedlichen Wörtern an zwei verschiedenen Stellen und deren Kombination eine genaue Vorstellung von Gottes Gedanken und seinem Herzen. Sie erweitern und vervollständigen sich gegenseitig und ergeben so ein umfassenderes Bild.

Wir sehen hier die Widerspruchsfreiheit von Gottes Wort. Wir brauchen dieses sichere Fundament, das uns wissen lässt, dass die Bibel korrekt und vertrauenswürdig ist. Und wenn du als Gläubiger in Christus wachsen und fruchtbar sein willst, muss dies zu einer unverrückbaren Wahrheit für dich werden. Gottes Wort ist sein Reden an dich!

KAPITEL 2

Das ist die Wahrheit

Das Wort Gottes muss die Grundlage für unsere Beziehung zu Gott sein. Wenn wir der Bibel nicht vertrauen, dann können wir in unserer Beziehung zum Herrn keine echte Sicherheit haben. Ich persönlich glaube, dass Gottes Wort vertrauenswürdig ist und wir uns dessen absolut sicher sein können. Ich habe in meinem eigenen Leben unzählige Male die Erfahrung gemacht, dass es so ist. Doch für Menschen, die nicht an das Wort Gottes glauben, ist diese fehlende Gewissheit der Grund, weshalb sie nie an den Punkt kommen, sagen zu können: »Das ist die Wahrheit.«

Unsere heutige Gesellschaft hat sich vom absoluten Glauben an das Wort Gottes entfernt. Was ist die Folge? Was trat an dessen Stelle? Relativismus, also die Vorstellung, dass das, was für dich wahr ist, nicht unbedingt auch für mich wahr sein muss. Es gibt keine absolute Wahrheit. Deshalb ist es in unserer Gesellschaft politisch inkorrekt, wenn sich jemand über etwas absolut sicher ist. Diese Haltung – dass es eine absolute Wahrheit gibt – wird heute abgelehnt und als arrogant angesehen.

Die Wahrheit ist jedoch, dass es Absolutes gibt. Gottes Wort ist unzweifelhaft sein Wort, das er zu uns spricht. Deshalb kann es uns das für unsere geistliche Reife notwendige Vertrauen und die Sicherheit geben. Wenn du jemand bist, dessen Interpretation von Richtig und Falsch sich mit den jeweiligen Umständen oder Situationen ändert, dann bist du wie ein Schiff ohne Anker. Du wirst umhertreiben und von den Wellen hin und her geworfen werden!

Er bitte aber im Glauben und zweifle nicht; denn wer zweifelt, gleicht einer Meereswoge, die vom Wind getrieben und hin- und hergeworfen wird. Ein solcher Mensch denke nicht, dass er etwas von dem Herrn empfangen wird, ein Mann mit geteiltem Herzen, unbeständig in allen seinen Wegen. — Jakobus 1,6–8

Wenn du in deinem Glauben schwankend bist, bist du zwiegespalten. Es hindert dich daran, von Gott zu empfangen. Du musst das Wort Gottes als festen Anker in deinem Leben haben!

Absolut falsch!

Ich werde keine Namen nennen, aber ein ehemaliger US-Präsident der jüngeren Zeit – der behauptete, Christ zu sein – war für seine sexuelle Unmoral berüchtigt. Wenn du mit den Geschehnissen vertraut bist, weißt du sicher, von wem ich spreche. Als einige seiner liberalen Überzeugungen bekannt wurden, fragten ihn die Medien, wie er seine liberale Haltung rechtfertigen und gleichzeitig behaupten könne, ein bibeltreuer Christ zu sein.

Seine Antwort spiegelt die Haltung vieler Menschen heute wider. Er sagte, die Bibel sei Gottes Wort, aber die Menschen hätten sie auf Grundlage der Umstände und der Gesellschaft, in der sie damals lebten, geschrieben. Und alle Werte, Gebote und Verhaltensregeln seien auf die damalige Zeit bezogen. Weil wir in einer anderen Zeit leben, müssten wir daher alles neu interpretieren. Mit anderen Worten: Er glaubte nicht an die Unfehlbarkeit der Bibel. Wie so viele heutzutage glaubte dieser Mann, dass die Bibel veraltet sei, dass sie aktualisiert und an unsere Zeit angepasst werden müsse. Das ist absolut falsch!

Du stimmst mir vielleicht nicht zu, aber bevor du dieses Buch hier zur Seite wirfst, lass mich dir eine Frage stellen: Wie sehen dein Leben und deine bisherigen Erfahrungen im Vergleich zu meinem Leben und meinen Erfahrungen aus? Ich weiß, ich bin nicht der perfekte Maßstab, aber schau dir mal deine erzielten Ergebnisse an und dann sieh dir meine an. Früher war ich völlig introvertiert. Ich konnte beim Reden keinem Menschen direkt ins Gesicht blicken. Doch heute spreche ich über Funk, Fernsehen und Internet zu vielen Millionen Menschen. Zudem war ich früher fürchterlich ängstlich und unsicher, aber das hat sich geändert. Jetzt bin ich ein sicherer Mensch, und ich habe vor nichts mehr Angst. Gott hat mein Leben total verändert! Gott hat mich gesegnet und mein Leben wird von seiner Liebe beherrscht.

Der Unterschied

Vor einigen Jahren wurden meine Frau und ich aus unserem Haus evakuiert, weil in der Nähe Waldbrände wüteten. Wir leben in den Bergen von Colorado und es bestand die große Wahrscheinlichkeit, dass unser Haus verloren gehen würde. Ich sagte dazu aber nur: »Wir haben unsere Fotos und Dinge, die nicht ersetzt werden können, aber alles andere ist nur Kram, der nicht wirklich wichtig ist.« Ich glaubte sicher, dass unser Haus verschont bliebe, und ich ließ mich während dieser ganzen Geschichte nicht entmutigen oder unterkriegen und war auch nicht beunruhigt.

Während wir von unserem Haus wegfuhren, bemerkte meine Frau: »Wir haben diese Dinge genossen. Und ich weiß, dass wir gesegnet sind und darauf vertrauen, dass das Haus geschützt ist. Aber selbst wenn wir alles verlieren sollten, so wäre es doch nur Zeug. Es würde Spaß machen, ganz neu zu beginnen und alles noch einmal zu machen.« Ich stimmte zu. Woher kam unser Halt inmitten dieser feurigen Widrigkeit? Aus dem Wort Gottes. Unser Glaube an das Wort Gottes ist es, was uns Stabilität im Leben gibt.

Hättest du die gleiche Einstellung gehabt?

Ich will mich hier keineswegs selbst loben. Ich bete, dass du verstehst, was ich damit sagen will. Ich gebe damit Jesus die Ehre und rühme, was er in meinem Leben getan hat. Und ich sage das, weil ich an seine Zusagen glaube und schon viele Male erleben durfte, wie sie für mich zur Wirklichkeit wurden. Mein Leben hat sich völlig gewandelt. Ich bin sicher. Ich bin ein glücklicher Mensch. Und ich bin gesegnet. Ich habe nicht nur diese emotionalen und mentalen Veränderungen in meinem Leben erfahren, sondern auch erlebt, wie Menschen von den Toten auferweckt und geheilt wurden. Mein eigener Sohn ist von den Toten auferstanden, nachdem er fünf Stunden lang bereits von uns gegangen war. Ich habe gesehen, wie sich blinde Augen und taube Ohren öffneten. Ich habe gesehen, wie Menschen aus Rollstühlen aufgestanden sind und wie Ehen wieder in Ordnung kamen. Ich habe gesehen, wie Menschen aufeinander zugingen, die miteinander im Streit gelegen hatten. Und all das ist auf den Glauben zurückzuführen, der durch Gottes Wort entsteht!

Nimm nun das, was ich erlebe, und vergleiche es mit dem, was du erlebst. Bist du ein kranker, verbitterter, armer, besorgter, unsicherer Mensch und verkündest dennoch: »Ich glaube nicht an das Wort Gottes; das ist alles nur Unsinn«? Vielleicht solltest du dir die Frucht deiner Denkweise ansehen und sie mit der eines Menschen vergleichen, der ein siegreiches Leben führt. Noch einmal: Ich bin nicht perfekt. Ich wachse noch. Ich bin noch nicht am Ziel, aber ich bin immerhin schon unterwegs. Ich behaupte nicht, dass alles in meinem Leben so ist, wie es sein sollte, aber ich sage, dass es unendlich viel besser ist als früher. Und ich sage dir auch, den Unterschied macht das Wort Gottes aus!

Gottes Wort ist für mich realer geworden als das, was Vater, Mutter, Freunde, Ärzte, Anwälte, Politiker oder sonstige Menschen sagen. Dass Gottes Wort sicherer ist als das eines Politikers, könnte wohl so ziemlich jeder mit Überzeugung sagen, doch ich sage, dass Gottes Wort zum Fundament meines Lebens geworden ist. Sieh dir einfach die Frucht an, die es hervorbringt!

Argument oder Erfahrung?

Manche Leute sagen: »Du steckst doch bloß deinen Kopf in den Sand.« Warum steckst dann nicht auch du deinen Kopf in den Sand, sodass es dich frei macht, deine Kinder von den Toten aufweckt, wenn nötig, und dich segnet und voranbringt? Fang an zu leben! Wach auf und werde klug. Wenn das, was du tust, nicht funktioniert, dann solltest du etwas ändern. Und wenn das, was ich tue, funktioniert, dann solltest du vielleicht aufhören, mich zu kritisieren und auf meine Seite wechseln.

Ich sag das nicht, um gemein zu sein. Ich versuche nur, dir zu verdeutlichen, dass unsere Gesellschaft heute so verkopft und verdreht ist, dass jemand, der einfach an das Wort Gottes glaubt, es als Grundlage für sein Leben nimmt und sich dabei auf Verheißungen stützt, die vor Tausenden von Jahren geschrieben wurden, für absolut dumm gehalten wird. Ich kann dir nur sagen, dass ich jemand bin, der genau das getan hat und immer noch tut. Ich bin dabei nicht perfekt, also sind vielleicht auch die Ergebnisse nicht perfekt. Aber in dem Maße, in dem ich mein Leben auf das Wort Gottes gegründet habe, funktioniert es. Es verändert mich, und es macht mich frei.

Du kannst dasitzen und über Lehrmeinungen diskutieren. Du kannst mir etwas zeigen, das du gelesen hast. Du kannst mich angreifen, wie du willst, aber du kannst nicht ändern, was in meinem Leben geschehen ist. Du wirst mich schon offen einen Lügner nennen müssen, wenn du bestreiten willst, dass das, was ich über die Auferweckung meines Sohnes von den Toten oder die Auferweckung mehrerer anderer Menschen gesagt habe oder darüber, dass blinde Augen und taube Ohren geöffnet wurden oder dass Menschen aus Rollstühlen aufgestanden sind, oder darüber, dass ich selbst völlig von Ängsten, Scham, Schüchternheit, Verletztheit und Schmerz befreit wurde, nicht wahr ist. Du kannst meiner Lehre so viel widersprechen, wie du willst, aber ich sage dir, dass mein Zeugnis auf meinen persönlichen Erfahrungen beruht. Mein Glaube und meine absolute Gewissheit, dass Gottes Wort wahr ist, haben mein Leben grundlegend verändert. Ich schreibe alles Gute in meinem Leben – meine Errettung, meine Befreiung, Freude, Frieden, Sicherheit, Wunder – allein Gottes Wort zu.

Eine Person mit einem Argument wird niemals gegen eine Person mit einer Erfahrung ankommen. Du kannst mit deinem Argument dasitzen, aber ich habe Gottes Wort erlebt. Es funktioniert. Es ist real. Du kommst zu spät, wenn du mir sagen willst, dass Gottes Wort nicht stimmt, falsch übersetzt wurde und anders gemeint ist, als es dort steht. Ich habe es erlebt. Ich habe diese Verse ausgelebt, und jetzt ermutige ich dich damit!

Erfolg haben oder scheitern?

Deine Einstellung zum Wort Gottes bestimmt, ob du Erfolg hast oder nicht. Das tut sie wirklich.

So kommt der Glaube aus dem Hören, das Hören aber durch das Wort Christi. — Römer 10,17 LUT

Wenn Satan deinen Verstand angreifen und dich dazu bringen kann, an der Richtigkeit und Unfehlbarkeit von Gottes Wort zu zweifeln, dann kann er dich auch dazu bringen, Gott selbst anzuzweifeln.

KAPITEL 3

Säe den Samen!

Die Grundlage unseres Glaubens muss Gottes Wort sein. Wir müssen nicht nur glauben, was dort steht, sondern auch, dass Gott uns sein Wort auf übernatürliche Weise mitgeteilt hat.

Jesus lehrte zehn Gleichnisse an einem einzigen Tag; es war der längste zusammenhängend aufgezeichnete Tag im Neuen Testament. In jedem der Gleichnisse (siehe Mt 13, Mk 4 und Lk 8) sprach er über die Bedeutung von Gottes Wort in unserem Leben.

Dieses Gleichnis in Markus 4 war keine beliebige Lektion. Jesus legte bewusst ein Fundament, indem er ständig über die Bedeutung von Gottes Wort sprach.

> *Hört zu! Siehe, der Sämann ging aus, um zu säen. Und es geschah, als er säte, dass etliches an den Weg fiel; und die Vögel des Himmels kamen und fraßen es auf. Anderes aber fiel auf den felsigen Boden, wo es nicht viel Erde hatte; und es ging sogleich auf, weil es keine tiefe Erde hatte. Als aber die Sonne aufging, wurde es verbrannt; und weil es keine Wurzel hatte, verdorrte es. Und anderes fiel unter die Dornen; und die Dornen wuchsen auf und erstickten es, und es brachte keine Frucht. Und anderes fiel auf das gute Erdreich und brachte Frucht, die aufwuchs und zunahm; und etliches trug dreißigfältig, etliches sechzigfältig und etliches hundertfältig.*
> *— Markus 4,3–8*

Wie das Reich Gottes funktioniert

Jesus erzählte dieses Gleichnis von einem Mann, der hinausging, Saatgut nahm und es einfach überall ausstreute. In den Versen 14 bis 20 legte Jesus dieses Gleichnis für seine Jünger aus und sagte: »Der Sämann sät das Wort« (Mk 4,14).

Ich werde später auf diese Stelle zurückkommen und sie im Detail behandeln. Aber zunächst möchte ich dir zeigen, dass Gottes Wort ein Same ist.

Jesus redete nicht davon, wie man ein Bauer wird. Und er erklärte auch nicht wirklich, wie Samen wachsen. Der Herr benutzte einfach ein Beispiel aus der Natur, mit dem die Menschen gut vertraut waren, um zu zeigen, wie das Reich Gottes funktioniert.

Und er sprach: Mit dem Reich Gottes ist es so, wie wenn ein Mensch den Samen auf die Erde wirft. — Markus 4,26

In der Natur wächst nichts ohne einen Samen. Alles entsteht aus einem Samenkorn. So ist es auch im Reich Gottes. Alles kommt aus dem Wort Gottes!

Verrückter Bauer

Dies ist eine gewaltige Aussage, aber schenkst du ihr auch wirklich Glauben? Versuchst du gerade, ein Wunder von Gott zu empfangen? Hast du den Samen von Gottes Wort – die Verheißungen und Zusagen, die dir den Glauben geben, um dieses Wunder zu empfangen – in dein Herz hineingelegt?

Erwartest du Heilung von Gott? Hast du die entsprechenden Bibelstellen herangezogen, über sie nachgedacht und den Samen in dein Herz gesät? Oder läufst du zu irgendwelchen anderen Leuten und bittest sie, für dich zu beten? Rufst du einfach nur zu Gott und flehst ihn an: »O Herr, bitte heile mich!«, und wunderst dich dann, warum du keine Erfolge siehst?

Bitte fühle dich nicht angegriffen. Ich versuche, dir zu helfen, und das hier ist wirklich wichtig. Wäre es nicht unsinnig, wenn ein Bauer auf sein Feld ginge und sich fragte, warum auf seinem Acker kein Weizen wächst, obwohl er nie das entsprechende Saatgut ausgebracht hat? Du würdest ihn für verrückt halten, nicht wahr?

Im geistlichen Bereich ist es dasselbe. Die Leute fragen: »Warum erwächst mir keine Ernte?«

»Hast du Samen gesät?«

»Nein.«

Wenn du eine Ernte willst, musst du Samen säen. Wenn du willst, dass sich Heilung in deinem Leben manifestiert, musst du Gottes Zusagen nehmen und sie in dein Herz säen. Beschränke dich nicht darauf, zu beten und um Heilung zu bitten. Laufe auch nicht einfach zu anderen Leuten und bitte sie, um Heilung für dich zu beten. Nimm das Wort Gottes, das dir seine heilende Kraft verspricht, und meditiere darüber. Wenn du den Samen säst, wirst du eine Ernte erhalten. Wenn du keinen Samen säst, bekommst du auch keine Ernte.

In den Wind gespuckt

»O ja, ich glaube an die Wichtigkeit von Gottes Wort.« Nun, bittest du Gott, in deinem Leben etwas zu tun, von dem du, wenn du ehrlich bist, gar nicht genau weißt, ob es dafür eine Verheißung in seinem Wort gibt?

Hunderte von Menschen sind schon zu mir gekommen und haben mich gefragt: »Könntest du für mich beten?«

Ich frage dann: »Auf welche Bibelstelle stützt du dich? Worauf bezieht sich deine im Glauben an Gott gestellte Erwartung?«

Für gewöhnlich lautet die Antwort: »Nun, ich meine, in der Bibel steht irgendwo, dass …«, und dann versuchen sie, etwas zu zitieren, das sie nicht einmal selbst gelesen haben. Sie haben es nur beiläufig gehört. Sie haben es vage im Kopf, aber sie könnten es nicht im Wort Gottes nachschlagen. Sie haben den Samen nicht genommen und selbst darüber meditiert.

Wie sät man den Samen von Gottes Wort ins eigene Herz? Es ist nicht so, dass man das Wort nur einmal liest und das war es dann. Man muss über das Wort Gottes so lange meditieren, bis es seine Kraft entfaltet, keimt und das darin enthaltene Leben freizusetzen beginnt. Ich kann dir garantieren, wenn du eine Stelle aus Gottes geschriebenem Wort nimmst, die dir ein bestimmtes Ergebnis verspricht, und du darüber meditierst, bis sie ihre Kraft in *deinem* Leben freizusetzen beginnt, dann wirst du auch in der Lage sein, diese Bibelstelle bei Bedarf genau wiederzugeben.

Ich selbst halte es für vorteilhaft, das Kapitel und den Vers zu kennen, denn so kann man den Text noch einmal durchgehen und intensiv darüber nachdenken. Ich sage nicht, dass es ein Muss ist, die genaue Stellenangabe zu kennen. Aber wenn du sagst: »Nun, ich glaube, in der Bibel steht irgendwo …« und dann versuchst, eine Bibelstelle zu zitieren, ist das wie in den Wind gespuckt. Du kennst das Wort Gottes nicht. Du hast nicht darüber meditiert und Gottes Wort nicht in dein Herz hineingelegt.

Verwirrt

Gehörst du zu denen, die sagen: »O ja, ich glaube an das Wort Gottes, und ich glaube auch, dass man gut damit vertraut sein sollte«, aber wenn dich jemand nach den Verheißungen Gottes fragt, weißt du nicht, wo in der Bibel seine Verheißungen stehen? Wenn das so ist, hast du keinen blassen Schimmer. Das ist ganz und gar nicht böse gemeint. Ich versuche wirklich, dir zu helfen. Aber ich sage dir, dass du das Wort Gottes nicht kennst.

Du tust dasselbe wie der Bauer, der sich wundert, warum sein Acker keine Ernte hervorbringt, obwohl er doch nie Samen ausgebracht hat.

Viele Leute sagen: »Ja sicher glaube ich an Gottes Wort. Ich glaube, dass das Wort dies und jenes sagt.« Aber glauben sie es mit so viel Überzeugung, dass sie sich tatsächlich damit beschäftigen und intensiv darüber nachdenken? Vielen wurde von Kindesbeinen an beigebracht, dass die Bibel Gottes Wort ist. Das ist etwas, wofür diese Menschen auch durchaus mutig eintreten. Und doch leben sie dann nicht so, als sei die Bibel wirklich das Wort Gottes.

Wenn dies wirklich Gott ist, der zu dir spricht, und sein Wort wie ein Same ist (Mk 4,14), dann musst du sein Wort nehmen und es in dein Herz und dein Leben hineinsäen. Wenn du jedoch nicht Tag und Nacht über Gottes Wort nachsinnst (Jos 1,8 und Ps 1,2), wenn du das Wort Gottes nicht studierst und nicht weißt, was es sagt, dann sei nicht verwirrt oder überrascht, wenn du nicht die gewünschten Ergebnisse erzielst.

Das ist so simpel, dass man es ohne Hilfe gar nicht falsch verstehen kann. Wer das nicht begreift, dessen Aufzug fährt nicht bis in die oberste Etage, um es mal so flapsig auszudrücken. Dies ist eine ganz schlichte, fundamentale Wahrheit. Du sagst jetzt vielleicht: »Lass uns weitermachen. Gehen wir zu etwas Größerem über«, aber solange du diese Wahrheit nicht lebst und in deinem Alltag anwendest, hast du sie noch nicht wirklich verstanden.

Pastor, was ist los?

Es gab da mal einen Mann, der als Bewerber um das Pastorenamt in einer bestimmten Kirche eines Sonntags zur Probe eine Predigt hielt. Das Thema, über das er predigte, war Johannes 3,16. Die Predigt fand bei allen Anwesenden große Zustimmung, also wählte man ihn zum Pastor. Seine erste Predigt als neuer Pastor handelte erneut von Johannes 3,16. Die Leute hielten das für ungewöhnlich. Sie dachten, er müsse irgendwie vergessen haben, dass er diese Predigt schon gehalten hatte. Also sagten sie nichts. Doch am Sonntag darauf predigte er wieder über Johannes 3,16. Allmählich waren die Leute beunruhigt. Sie fingen an, untereinander darüber zu reden, aber niemand sagte etwas zu dem Pastor.

Am dritten und vierten Sonntag predigte er – du errätst es vielleicht – erneut über Johannes 3,16. Inzwischen waren die Leute ernsthaft besorgt, weshalb die Diakone den Pastor gemeinsam darauf ansprachen. Sie sagten: »Pastor, wir wissen nicht, was los ist, aber du verhältst dich, als hättest du Gedächtnislücken. Du hast nun viermal hintereinander Johannes 3,16 gepredigt. Kennst du denn nichts anderes? Wir hätten eigentlich erwartet, dass du mal etwas Neues predigst.«

Seine Antwort darauf: »Wenn ihr anfangt zu leben, was in Johannes 3,16 steht, dann werde ich auch etwas anderes predigen.«

Wenn wir unsere Botschaften alle auf diese Weise verkünden würden, bräuchten wir nicht besonders viele Predigten. Warum? Weil viele Menschen das Wort zwar hören, aber es dann doch nicht in die Tat umsetzen.

Gottes Wort ist wie ein Samenkorn. Du kannst dasitzen und sagen: »Selbstverständlich glaube ich, dass das Wort Gottes wichtig ist«, aber hast du es genommen und in dein Herz hineingelegt? Bittest du Gott um ein Wunder in deinem Leben, ohne den Samen für dieses Wunder in dein Herz gesät zu haben? Wenn ja, glaubst du diese Wahrheit noch nicht. Du sagst vielleicht: »Aber ja doch, ich glaube, dass das Wort Gottes für einen Christen unerlässlich ist.« Doch wenn du nicht darüber nachsinnst, wenn du das Wort nicht genau studierst, dein Leben nicht darauf gründest – wenn du noch nicht einmal die Bibelstelle zitieren kannst, die dir Gottes Zusage in Bezug auf die Befriedigung deines Bedürfnisses geben würde –, dann glaubst du noch nicht wirklich an das Wort Gottes. Du glaubst noch nicht in dem Maße daran, dass es Wirkung zeigt. Das ist wie bei jemandem, der sagt: »Ich glaube, ich muss erst säen, bevor ich ernten kann«, dann aber doch nicht sät. Sei also nicht überrascht, wenn du keine Ernte einfährst. Darum ging es Jesus hier.

KAPITEL 4

Gottes System ist nicht zu überlisten

Als Jesus in Markus 4 lehrte, dass Gottes Wort wie ein Same ist, war das keine Lektion zum Thema Landwirtschaft. Er wollte damit aufzeigen, dass im Natürlichen ein Same gesät werden muss, bevor man eine Ernte empfangen kann. Und das gilt auch im geistlichen Bereich: Wir müssen Gottes Wort in unser Herz säen, bevor wir von Gott empfangen können. Gottes Wort ist wie ein geistlicher Same.

Eine Bestätigung hierfür finden wir in 1. Petrus 1,23. Dort heißt es:

> *Denn ihr seid wiedergeboren nicht aus vergänglichem, sondern aus unvergänglichem Samen, durch das lebendige Wort Gottes, das in Ewigkeit bleibt.*

Das griechische Wort, das in diesem Vers mit »Samen« übersetzt wurde, ist das Wort *spora*. Es geht darum, wie sich Pflanzen durch Sporen vermehren. Das griechische Wort *spora* ist mit dem griechischen Wort *sperma* verwandt, das wir gleichlautend verwenden. Gemeint ist der Same, wie er von einem Mann in den Unterleib einer Frau gesät wird und ein Kind hervorbringen kann. So ist es auch mit dem Wort Gottes. Genauso wie eine Frau ohne den Samen eines Mannes kein Kind bekommen kann, kannst du nicht die Ergebnisse von Gott bekommen, die du dir wünschst, ohne dass das Wort Gottes in dich gesät wird. In gewisser Weise musst du mit dem Wort Gottes befruchtet werden.

»Ach Andrew, das glaube ich nicht. Ich glaube, du kannst einfach zu Gott rufen, und er wird dann in deinem Leben aktiv werden. Dazu muss man das Wort Gottes nicht kennen.«

Nun, ich räume ein, dass Gott uns so sehr liebt, dass er von Herzen gern in unserem Leben wirken möchte. Und diejenigen, die sein Wort ignorieren und nicht wissen, was es sagt, können in einer Krisensituation zu ihm um Hilfe schreien und zu einem Boten Gottes laufen, um für sich beten zu lassen. Gott wirkt durch andere Menschen. Und ja, es ist möglich, dass du durch den Glauben und die Fürbitte eines anderen Menschen eine Antwort von Gott erhältst. Gott wird andere Menschen benutzen. Es ist wie eine Leihmutterschaft. Solche Dinge passieren.

Alle Glieder haben eine Aufgabe

Aber wenn du daraus den Schluss ziehst, dass man Gottes Wort nicht wirklich kennen muss, um etwas empfangen zu können, ist das nicht wahr. Jemand anderes musste Gottes Wort kennen. Jemand anderes musste den Samen des Wortes Gottes nehmen und ihn ins eigene Herz säen, um die Kraft und die Salbung zu empfangen, die es dieser Person möglich machten, dir zu dienen und zu helfen. Es ist von Gott jedoch nicht vorgesehen, dass du jedes Mal, wenn du eine Not hast, zu jemandem laufen musst, der dir dann durch *seinen* Glauben hilft, von Gott zu empfangen. Gott will, dass du in der Lage bist, direkt von ihm zu empfangen.

Ich bin ein Diener Gottes, also habe ich nichts gegen solche. Dienende Leiter sind der Gemeinde gegeben, um den Gläubigen zu helfen.

> *Und er selbst gab den Heiligen die einen als Apostel, andere als Propheten, andere als Evangelisten, andere als Hirten und Lehrer, damit die Heiligen zugerüstet werden zum Werk des Dienstes. Dadurch soll der Leib Christi erbaut werden*
> — *Epheser 4,11–12* LUT

Der Herr sagt hier, dass er fünf Arten von Leiter – Apostel, Propheten, Evangelisten, Pastoren und Lehrer – gegeben hat, damit diese durch ihren Dienst zur Vervollkommnung und Reifung der Heiligen beitragen können. Auf diese Weise können die Heiligen dann das Werk des Dienstes tun und den Leib Christi erbauen. Lies einfach weiter und du wirst in Vers 16 sehen, wie jedes Glied etwas beiträgt und den Leib aufbaut.

> *Von ihm aus wird der ganze Leib zusammengefügt und zusammengehalten durch jede Verbindung, die den Leib nährt mit der Kraft, die einem jeden Teil zugemessen ist. So wächst der Leib und erbaut sich selbst in der Liebe.*
> — *Epheser 4,16* LUT

Im Kontext betrachtet, geht es in diesem Bibelabschnitt nicht darum, dass die Leiter, die diese genannten Dienste verrichten, allen Glauben für dich übernehmen. Es heißt auch nicht, dass du mit jeder Sache zu ihnen laufen sollst, damit sie beten und du alles durch sie empfängst. Sie sind dazu da, dir zu helfen und dich das Wort Gottes zu lehren. Auf diese Weise kannst du anfangen, selber Gottes Wort in dein Inneres zu säen, kannst es dort Wurzeln schlagen lassen und dann dein Wunder direkt von Gott empfangen.

Nicht die übliche Vorgehensweise

Ja, es stimmt, dass man sich ein Wunder gewissermaßen vom Glauben eines anderen abzapfen kann. Aber das sollte nicht die übliche Vorgehensweise sein. So sollte das normale Leben eines Christen nicht aussehen.

Ein solcher Glaube ist wie ein auf Sand gebautes Haus. Wenn dann ein Sturm über dich hereinbricht, wird dein Haus einstürzen, weil es nicht auf Gottes Wort als Fundament gebaut wurde (Mt 7,26–27). Du kannst zwar nach nebenan ins Haus deines Nachbarn laufen, um den gegenwärtigen Sturm dort zu überstehen. Doch du kannst nicht dauerhaft bei deinem Nachbarn einziehen und von seinem Glauben leben. Du musst zurückgehen, tief graben und ein sicheres Fundament für dein Haus auf dem Felsen von Gottes Wort legen (Mt 7,24). Sobald du fest gegründet bist, kannst du dem nächsten Sturm dann selber standhalten (Mt 7,25).

Damit will ich nicht sagen, dass du dir nie von anderen Menschen helfen lassen sollst. Wir alle brauchen von Zeit zu Zeit Hilfe. Aber ich sage, dass du als Christ scheitern wirst, wenn du diese Wahrheit nicht akzeptierst – dass du ohne das Wort Gottes in deinem Leben keinen Segen und kein Wunder von Gott empfangen kannst, genauso wenig wie eine Frau ein Kind ohne den Samen eines Mannes bekommen kann. Du magst sagen: »Ach was, ich glaube nicht, dass ich das Wort Gottes wirklich kennen muss. Ich werde einfach zu jemand anderem gehen und diese Person für mich beten lassen.« Das kann einmal funktionieren. Vielleicht funktioniert es auch zweimal oder sogar mehrere Male, aber wenn das deine grundsätzliche Einstellung ist, wirst du als Christ auf Dauer versagen.

Du kannst trotzdem in den Himmel kommen. Ich sage nicht, dass du deswegen deine Errettung verlierst. Ich weise nur darauf hin, dass du wahrscheinlich sogar schneller dort ankommst, weil du nicht weißt, wie du von Gott deine Heilung empfangen kannst. Wenn du das Wort Gottes nicht kennst, wirst du nicht wissen, wie du mit dem Stress, den Enttäuschungen und den Verletzungen in diesem Erdenleben umgehen sollst.

Alles, was Gott tut, das tut er durch sein Wort. Das ist eine einfache und klare Aussage, die aber von den meisten Menschen nicht geglaubt wird. Zumindest glauben sie nicht in dem Maße daran, dass sie danach handeln, indem sie Gottes Wort nehmen und darüber nachsinnen.

Säen braucht seine Zeit

Der Herr verwendete bewusst ein Beispiel aus der Natur, um die Funktionsweise des Reiches Gottes zu veranschaulichen. Gesellschaftliche Ordnungs- und Regelsysteme lassen sich überlisten. Man kann vom Menschen erdachte Systeme wie etwa schulische oder rechtsprechende Institutionen austricksen, nicht aber ein natürliches System wie das Einbringen von Saatgut in den Boden, um die gewünschte Ernte zu erzielen.

Erinnere dich. Es gab wahrscheinlich Zeiten während deiner schulischen Ausbildung, in denen du die Dinge hast schleifen lassen. Du hast nicht wirklich gelernt oder deine Hausaufgaben gemacht, wie du es solltest. Du hast bis zum Abend vor der Prüfung gewartet und dann hast du Energydrinks oder Kaffee in dich hineingeschüttet, um dich wachzuhalten. Du bist bis spät in die Nacht aufgeblieben, um für die Abschlussprüfung zu pauken, und hast den Stoff gerade so gut gelernt, dass du Fragen beantworten und die Prüfung bestehen konntest. Aber jetzt, Jahre später, könntest du die gleiche Prüfung auf keinen Fall mehr bestehen. Das liegt daran, dass du den Stoff nicht wirklich verinnerlicht hast. Du hattest ihn nur in deinem Kurzzeitgedächtnis abgespeichert, um die Prüfung zu bestehen. In gewisser Weise hast du das System überlistet. Du hast das System ausgehebelt und dessen eigentlichen Nutzen für dich zunichte gemacht. Du hast es vielleicht geschafft, eine gute Note zu bekommen, aber du hast nicht das erhalten, was du von diesem Bildungssystem gebraucht hättest.

Man kann ein von Menschen geschaffenes System wie unsere Schulen überlisten, indem man für einen Test paukt und die Prüfung besteht, aber bei einem natürlichen System geht das nicht. Man kann nicht einfach den richtigen Zeitpunkt für die Aussaat eines Samens ignorieren oder es versäumen, ihn mit Wasser und Dünger zu versorgen, und dennoch eine reiche Ernte erwarten. Man kann nicht monatelang herumtrödeln und dann am Abend, bevor der Nachbar seine Ernte einfährt, noch schnell das Saatgut ausbringen, um am nächsten Tag ebenfalls zu ernten. So läuft das nicht. Bei natürlichen Systemen helfen Tricksereien nicht. Deshalb hat der Herr ein Beispiel aus der Natur gewählt, um diese Wahrheit über das Funktionsprinzip von Gottes Reich zu erläutern. Du kannst das System von Saat und Ernte nicht austricksen. Wenn du den richtigen Zeitpunkt für die Aussaat verpasst, dann ist es egal, was du stattdessen tust und wie viel Mühe du dir in der Nacht vor der fälligen Ernte gibst – du wirst trotzdem nichts zu ernten haben.

Und so ist es auch im geistlichen Bereich. Man kann vielleicht ein gesellschaftliches System überlisten, aber im geistlichen Bereich kann man nicht einfach alles schleifen lassen, indem man Gott nicht sucht und das Wort Gottes nicht in sein Leben einpflanzt, und dennoch gute Ergebnisse erzielen. Man kann nicht einfach Sorgen, Ängste und Unversöhnlichkeit säen und dann, wenn man in eine Situation kommt, in der man ein Wunder braucht, dieses einfach erhalten. Du kannst nicht erst alles ignorieren und dann mal eben einen Tag lang fasten, beten, zu Gott schreien und so dein Wunder erhalten. Wenn du dich in einer solchen Lage befindest, musst du zu einer anderen Person gehen, die Gottes Wort treu aufgenommen und in ihr Leben gesät hat, und dir von ihr helfen lassen, deine Antwort durch ihren Glauben und ihre Salbung zu bekommen. Du wirst nicht über Nacht eine übernatürliche Ernte erhalten. Es braucht Zeit, um Gottes Wort ins eigene Leben zu säen!

Revolutionär

Gottes Wort ist wie ein Same. Wenn du eine Ernte willst, musst du einen Samen säen. Wenn du das Beste willst, was Gott für dein Leben zu bieten hat, musst du Gottes Wort kennen. Und solltest du dem Wort Gottes diesen Stellenwert noch nicht beigemessen haben, dann hast du auch noch nicht das richtige Fundament gelegt.

Diese Wahrheit ist revolutionär. Sie zeigt, wie Gottes Reich funktioniert. Das könnte dein Leben verändern!

KAPITEL 5

Großer Glaube

Gottes Wort ist die Grundlage für alles in unserem Leben als Christen. Es ist überaus wichtig, dass wir unseren Glauben auf das Wort Gottes gründen.

> *Als Jesus aber nach Kapernaum kam, trat ein Hauptmann zu ihm, bat ihn und sprach: Herr, mein Knecht liegt daheim gelähmt danieder und ist furchtbar geplagt! Und Jesus spricht zu ihm: Ich will kommen und ihn heilen! Der Hauptmann antwortete und sprach: Herr, ich bin nicht wert, dass du unter mein Dach kommst, sondern sprich nur ein Wort, so wird mein Knecht gesund werden! Denn auch ich bin ein Mensch, der unter Vorgesetzten steht, und habe Kriegsknechte unter mir; und wenn ich zu diesem sage: Geh hin!, so geht er; und zu einem anderen: Komm her!, so kommt er; und zu meinem Knecht: Tu das!, so tut er's. Als Jesus das hörte, verwunderte er sich und sprach zu denen, die nachfolgten: Wahrlich, ich sage euch: Einen so großen Glauben habe ich in Israel nicht gefunden! — Matthäus 8,5–10*

Dann sprach der Herr in den Versen 11 und 12 darüber, dass die Heiden zu ihm kommen und größeren Glauben zeigen würden als das Volk Israel. Natürlich machte es die Juden wütend, als er dies sagte.

Dieser Hauptmann kam zu Jesus und bat ihn, ein Wunder für ihn zu vollbringen, indem er seinen Diener heilte. Dieser sei gelähmt und liege zu Hause unter großen Schmerzen im Bett. Jesus sagte daraufhin, er wolle mit ihm kommen und seinen Diener heilen. Der Hauptmann antwortete jedoch, Jesus brauche nicht mit zu seinem Haus kommen, stattdessen solle er nur ein Wort sprechen, dann werde der Diener gesund werden (Mt 8,8).

Jesus staunte

Dies war ein Zenturio – ein hochrangiger römischer Offizier, der etwa hundert römische Soldaten unter sich hatte. Und er sagte im Grunde: »Ich kenne die Macht der Worte. Wenn ich meinem Diener sage, er soll etwas Bestimmtes tun, dann tut er es. Wenn ich sage: ›Komm her‹, dann kommt er. Was immer ich sage, wird ausgeführt.« Dieser Mann erkannte die Autorität und Macht, die in Gottes Worten stecken, also sagte er zu Jesus, er solle nur das Wort sprechen und es werde geschehen. Und als Jesus das hörte, wunderte er sich (Mt 8,10).

Es gibt nur zwei Bibelstellen, in denen zu lesen ist, dass Jesus sich wunderte: einmal hier, über den großen Glauben des Hauptmanns, und einmal in Markus 6, wo er sich über den Unglauben der Menschen wunderte. Jesus war erstaunt, dass ein Mensch einen derart starken Glauben haben konnte. Das war nicht üblich. Es war nicht das, was der Herr im Umgang mit den Menschen für gewöhnlich zu sehen bekam. Auch über seine Jünger wunderte er sich, denn selbst sie, die doch so viel Zeit mit ihm verbracht hatten, waren immer wieder voller Unglauben.

Wir sehen, Jesus war sehr erstaunt und sagte dann zu den Menschen, die ihm folgten: »Wahrlich, ich sage euch: Einen so großen Glauben habe ich in Israel nicht gefunden!« (Mt 8,10).

Was machte den Glauben dieses Mannes zu einem solch großen? Sein Glaube beruhte allein auf dem Wort. Für ihn brauchte Jesus nicht zu kommen und seine Hand auf den Diener legen. Er hielt es nicht für nötig, dass Jesus mit zu seinem Haus käme, um dort irgendetwas zu tun.

Viele Menschen nutzen heute alle möglichen Methoden, um sich zum Glauben zu motivieren; sie versuchen gewissermaßen, ihn über die emotionale Schiene anzufachen. Ich sage nicht, dass solche Mittel nicht genutzt werden sollten, denn Gott ist sehr darauf bedacht, den Menschen seinen Segen und seine Kraft zukommen zu lassen. Ich glaube, dass er eine Menge Dinge benutzt, die nicht seine erste oder beste Wahl sind. Aber ich kann dir anhand dieser Bibelstelle sagen, was Gottes Bestes ist. Der Glaube, den er am meisten schätzt, ist jener, der sich auf sein Wort verlässt, der für sich annimmt, was es sagt, und seinem Wort mehr vertraut als allem anderen. Ein solcher Glaube ist einfach großartig!

Sei nicht ungläubig

Vergleiche diese Art von Glauben mit dem Glauben einer der Jünger Jesu:

> *Thomas aber, einer von den Zwölfen, der Zwilling genannt wird, war nicht bei ihnen, als Jesus kam. Da sagten ihm die anderen Jünger: Wir haben den Herrn gesehen! Er aber sprach zu ihnen: Wenn ich nicht an seinen Händen das Nägelmal sehe und meinen Finger in das Nägelmal lege*

und meine Hand in seine Seite lege, so werde ich es niemals glauben! — Johannes 20,24–25

Jesus war von den Toten auferweckt worden. Er war nach seiner Auferstehung einigen seiner Jünger erschienen, aber Thomas war nicht darunter gewesen. Er erklärte, dass er nur dann glauben würde, wenn er Jesus sehen und eigenhändig die Stellen berühren könnte, wo Nägel und Speer Wunden in Jesu Händen und in seiner Seite hinterlassen hatten.

Und nach acht Tagen waren seine Jünger wiederum drinnen, und Thomas war bei ihnen. Da kommt Jesus, als die Türen verschlossen waren, und tritt in ihre Mitte und spricht: Friede sei mit euch! Dann spricht er zu Thomas: Reiche deinen Finger her und sieh meine Hände, und reiche deine Hand her und lege sie in meine Seite, und sei nicht ungläubig, sondern gläubig! — Johannes 20,26–27

Niemand erzählte Jesus, was Thomas gesagt hatte. Christus war nicht anwesend, als Thomas diese Dinge sagte, und keiner der anderen Jünger war dem Herrn zwischen seinem ersten und seinem zweiten Erscheinen begegnet. Doch als Jesus den Raum betrat, wandte er sich sofort Thomas zu und forderte ihn auf, den Finger in die Nagelmale in seinen Händen und die Hand in seine Seite zu legen. Mit anderen Worten: Es zeigte, dass er Gott und allwissend war. Jesus wusste genau, was Thomas gesagt hatte, und er bot ihm den Beweis, den er gefordert hatte.

Emotional zum Glauben animiert

Was hat Thomas also getan? »Und Thomas antwortete und sprach zu ihm: Mein Herr und mein Gott!« (Joh 20,28).

Es gibt keinen Hinweis darauf, dass Thomas Jesus tatsächlich berührt hat. Als er jedoch den Herrn sah und erkannte, dass Jesus genau wusste, was er gedacht und gesagt hatte, war ihm dies Beweis genug. Er warf sich nieder vor ihm und rief aus: »Mein Herr und mein Gott« (Joh 20,28).

> *Jesus spricht zu ihm: Thomas, du glaubst, weil du mich gesehen hast; glückselig sind, die nicht sehen und doch glauben! — Johannes 20,29*

Jesus sagte gewissermaßen: »Thomas, du bist gesegnet, denn du bist niedergefallen und hast erkannt und geglaubt, dass ich von den Toten auferstanden bin. Doch ein größerer Segen liegt auf denen, die geglaubt haben, ohne zu sehen.«

Mit anderen Worten, es liegt ein größerer Segen auf denjenigen, die dem Wort glauben und deren Glaube sich auf die Verheißungen gründet. Das Leben dieser Menschen ist stärker gesalbt als das Leben anderer, die glauben, weil sie es gesehen haben, weil es ihnen bewiesen wurde oder weil sie emotional zum Glauben an Gott animiert wurden.

Zwei verschiedene Gruppen

Es gibt Dinge, die man tun kann, um Menschen durch Beeinflussung in gewisser Weise zum Glauben zu bewegen. Ein Freund von mir reiste früher mit einem bekannten Heilungsevangelisten namens Jack Coe. Jack sah einige große Wunder geschehen. Einmal habe ich seinen Sohn in Frankreich getroffen und er hat tatsächlich einige dieser Wunder bestätigt. Zum Beispiel war bei einer von Joes Veranstaltungen eine Frau, die eine große Krebsgeschwulst im Gesicht hatte. Jack legte einfach seine Hand darauf und es schien, als würde er die Geschwulst massieren. Aber in Wirklichkeit grub Jack seine Fingernägel unter die Wucherung. Er riss der Frau die Geschwulst aus dem Gesicht und das Blut spritzte überall hin. Dann drehte er sich wieder zu ihr und verpasste ihr eine Ohrfeige. Als er das tat, wuchs sofort Fleisch über die Wunde. Es war eine übernatürliche Heilung!

Jack vollbrachte zwar einige gewaltige Wunder, aber dieser Freund von mir, der eine Zeit lang mit ihm reiste, wurde richtig wütend, weil Jack die Leute manchmal täuschte. Das war in den 1950er Jahren, als es noch Zeltversammlungen gab und die Menschen weite Strecken zurücklegten, um dabei zu sein. Viele kranke und behinderte Menschen kamen zu den Gottesdiensten, und die Aufgabe meines Freundes war es, zu Leuten zu gehen, die auf Tragen lagen, in Rollstühlen saßen oder Krücken bei sich hatten. Er sollte prüfen, ob sie aufstehen und zu einem der aufgestellten Toilettenhäuschen gehen konnten. Diejenigen, die trotz Trage, Rollstuhl oder Krücken aufstehen und sich bewegen konnten – wenn auch nur mühsam –, wurden in den vorderen Teil des Zeltes gebracht. Diejenigen, die nicht aufstehen konnten, wurden in den hinteren Teil des Zeltes gebracht. Mein Freund war also dafür zuständig, die Leute in diese beiden Gruppen aufzuteilen.

Jack stand dann auf, predigte über Heilung, sprang anschließend von der Bühne und rannte hinunter zu den behinderten Menschen, die im vorderen Teil des Zeltes saßen. Anders als mein Freund wussten die Leute in der Menge nicht, dass die Personen in diesem

Bereich alle aufstehen und sich zumindest schlurfend bewegen konnten. Zwar hatten sie große Mühe damit, aber sie kamen immerhin alle bis zu den Toiletten. Jack nahm diesen Leuten also ihre Hilfsmittel weg und sie fingen an, umher zu schlurfen. Die Menge drehte regelrecht durch, weil alle dachten, dass diese Menschen völlig geheilt worden waren. Natürlich war nicht wirklich etwas Derartiges passiert. Aber Jack nahm die Tragen und Rollstühle, brachte sie auf die Bühne und erzählte, wie die Leute geheilt worden waren.

Mein Freund, der dies alles miterlebte, war darüber sehr empört und beschloss zu gehen. Er schwor sich, nie mehr zurückzukommen, weil er Jack für einen Gauner hielt.

Füge dich und diene

Während mein Freund stadtauswärts fuhr, sprach der Herr zu ihm und fragte: »Was macht Jack denn, nachdem er sich mit den Kranken im vorderen Teil befasst hat?«

»Nun, er geht in den hinteren Teil des Zeltes und erlebt, wie pro Abend zwei- oder dreihundert Menschen, die bis dahin völlig gelähmt waren, geheilt werden.«

Daraufhin sagte der Herr zu meinem Freund: »Fahr zurück, füge dich und diene diesem Mann einfach.«

Menschen haben einen natürlichen Hang zum Unglauben. Sie sind einfach von Natur aus skeptisch, und es gibt Wege, ihnen zu helfen, diese Skepsis zu überwinden. Ich sage nicht, dass dies die richtige Vorgehensweise ist. Ich glaube nicht, dass Jesus es so gemacht hätte. Aber nichtsdestotrotz veranschaulicht es, wie Menschen zum Glauben hin manipuliert werden können. Es können Dinge gesagt und getan werden, die den Glauben in ihnen entfachen und stärken, was ihnen dann wiederum hilft, zu empfangen.

Das ist nicht die höchste Form des Glaubens. Und es sollte auch nicht das Niveau sein, auf das wir uns herablassen. Gott möchte, dass wir wie der Hauptmann sind, der sagte: »Sprich nur ein Wort, so wird mein Knecht gesund werden« (Mt 8,8). Dies ist der große Glaube, der Jesus erstaunte.

KAPITEL 6

Gottes Bestes

Die höchste Form des Glaubens besteht darin, allein Gottes Wort zu glauben (Mt 8,10) und nicht etwas anderes zu brauchen, das den Glauben stimuliert. Jack Coe kümmerte sich zuerst um die Menschen im vorderen Teil des Zeltes, die wirkten, als wären sie gelähmt, es in Wirklichkeit aber nicht oder nur bis zu einem gewissen Grad waren, sodass sie sich doch noch bewegen konnten. Dann, wenn der Glaube der Menge zugenommen hatte, ging er in den hinteren Teil des Zeltes und kümmerte sich um diejenigen, die tatsächlich völlig gelähmt waren, und erlebte, dass sie geheilt wurden. An diesem Beispiel zeigt sich, wie man den Glauben von Menschen stimulieren kann.

Jack nutzte diese Methode, um eine Atmosphäre des Glaubens zu schaffen, in der er sich dann um die komplett gelähmten Menschen kümmern und erleben konnte, wie sie geheilt wurden. Auch wenn ich nicht glaube, dass dies das Beste ist, was Gott zu bieten hat, so war seine Vorgehensweise doch nicht ganz abwegig.

Bei meinen Versammlungen gebe ich mir große Mühe, keinen Rummel zu veranstalten und die Leute nicht aufzuputschen. Ich will sie vielmehr dazu bringen, ganz dem Wort Gottes zu vertrauen und Gott zu glauben. Ich strebe eine Reinheit des Glaubens an, wie sie auch bei jenem Zenturio vorhanden war. Der Herr hat mir jedoch gezeigt, dass die meisten Menschen noch nicht auf diesem Level sind. Es gibt Leute, die ernsthafte, dringende Bedürfnisse in ihrem Leben haben, aber weil ich sehr bestrebt bin, Menschen nicht zu einem kurzlebigen Spontanglauben zu führen, treffe ich manchmal die Entscheidung, bestimmten Personen nicht zu dienen.

Eine Atmosphäre des Glaubens

Ich besuchte einmal die Veranstaltung eines namhaften Evangelisten, der dafür bekannt war, dass in seinen Gottesdiensten regelmäßig übernatürliche Dinge geschahen. Ich bezweifle nicht, dass Gott Wunder tut. Ich glaube daran, und ich habe es selbst gesehen. Aber ich wollte herausfinden, ob dieser Mann irgendetwas tat, um eine besondere Atmosphäre zu schaffen, die Wunder begünstigt.

Bei den ersten vier oder fünf Veranstaltungen lehrte er, abgesehen von einer kurzen Andacht während der Kollekte, nicht wirklich das Wort Gottes. Das tat er erst später. Er brachte zu diesen ersten vier oder fünf Treffen jedoch Hunderte von Leuten mit, deren Leben sich beim Besuch einer seiner Veranstaltungen von Grund auf verändert hatte. Er bat diese Leute, Zeugnis zu geben. Sie standen auf und erzählten von den wunderbaren Dingen, die Gott getan hatte. Auf diese Weise schuf dieser Mann eine Atmosphäre des Glaubens. Er steigerte die Erwartung der Anwesenden auf ein so hohes Niveau, dass jeder dort oben hätte stehen und Wunder geschehen sehen können, weil die Menschen aufgrund all dieser Zeugnisse große Zuversicht hatten.

Als ich erkannte, was er da tat – in gewissem Sinne manipulierte er die Menge –, war meine erste Reaktion Missbilligung. Doch als ich darüber nachdachte, wie er all diese Menschen gemeinsam in eine Atmosphäre des Glaubens versetzte, wurde mir klar, dass einfach eine Menge Leute in einer Atmosphäre des Unglaubens versunken leben. Sie brauchen tatsächlich etwas, das ihnen Starthilfe gibt und sie dazu bringt, sich im Glauben auf den Herrn und sein Wort zuzubewegen.

Ich möchte nichts tun, was die Menschen in ihrem Glauben entmutigt. Mein Anspruch und Ziel ist es, dass sie empfangen. Wenn ich also in einer Gebetsschlange diene und merke, dass die Salbung Gottes durch meine Hände in eine Person hineinfließt, dann sage ich etwas zu dieser Person. Früher war es so, dass ich es zwar wahrgenommen, aber nichts dazu gesagt habe. Ich wusste, dass Gott sie heilte, deshalb sagte ich nur: »Gelobt sei Gott. Danke, Jesus«, und ging dann zum Nächsten weiter.

So wie Jesus es tat, als er spürte, wie Kraft von ihm ausging, als die Frau, die geheilt wurde, sein Gewand berührte (Mk 5,30), habe ich gelernt, innezuhalten und es der Person, der ich diene, mitzuteilen, wenn ich die Salbung Gottes spüre. Ich sage dann: »Das ist die Salbung Gottes, die in deinen Körper fließt.« Anstatt es einfach zu übergehen und weiterzumachen, wie ich es früher getan habe, helfe ich der Person, indem ich innehalte und ihr etwas mitteile, das ihren Glauben stärkt.

Der Herr ist ihm begegnet

Die Leute sollten ihren Glauben jedoch nicht in das setzen, was ich spüre oder was ich sage. Letztlich geht es darum, wie der Hauptmann mit seinem großen Glauben zu sein, der sagte: »Sprich nur ein Wort, so wird mein Knecht gesund werden« (Mt 8,8). Das versuche ich zu fördern. Unser gesamter Dienst dreht sich um die Zuverlässigkeit von Gottes Wort. Das muss die Grundlage sein. Aber bis die Menschen dorthin gelangen, brauchen sie Unterstützung. Manchmal hilft es, sie ein wenig zu ermutigen, damit sie das benötigte Wunder empfangen können. Diese kleine Starthilfe für ihren Glauben versetzt sie in die Lage, dem Wort Gottes zu glauben und zu empfangen.

Es gibt zwei verschiedene Möglichkeiten, von Gott zu empfangen. Die eine Möglichkeit ist, wie Thomas zu sein, der Jünger Jesu, der sagte: »Ich werde nicht glauben, wenn ich es nicht sehen, fühlen oder berühren kann. Ich werde nicht glauben, es sei denn, mir läuft irgendein physischer, greifbarer Beweis über den Weg, der meinen Glauben stimuliert« (siehe Joh 20,25). Und weißt du was? Der Herr begegnete Thomas auf Augenhöhe. Er sagte: »In Ordnung, Thomas. Leg deinen Finger in die Nägelmale. Leg deine Hand in meine Seite. Sei nicht ungläubig, sondern glaube.« Der Herr begegnete Thomas auf seiner schwachen, unreifen Ebene des Glaubens.

Doch als Thomas niederkniete und ausrief: »Mein Herr, mein Gott«, antwortete Jesus nicht etwa mit den Worten: »Also wirklich, Thomas, du bist einfach großartig. Genau so soll es sein.« Tatsächlich sagte der Herr: »Thomas, du hast gesehen und deshalb glaubst du.«

Die andere Möglichkeit, von Gott zu empfangen, besteht darin, zu glauben, *ohne* zu sehen; Glaube zu haben, ohne irgendwie manipuliert oder dazu ermutigt werden zu müssen (Joh 20,29). Gott sagte, dass ein größerer Segen auf der Person liegt, die Gottes Wort einfach annimmt und es glaubt, ohne drei Träume, zwei Prophezeiungen und eine Vision als Bestätigung für das von ihm Gesagte zu brauchen.

Diese Wahrheit hat mein Leben verändert! Ich bin in einer Baptistengemeinde aufgewachsen. Damals wurde viel über die Errettung gepredigt. Doch abgesehen von dem Wunder der Wiedergeburt wurde nicht wirklich viel über Wunder geredet. Wunder wurden zwar nicht direkt abgelehnt, aber sie waren definitiv nicht Gegenstand der Lehre.

So kommt der Glaube aus dem Hören, das Hören aber durch das Wort Christi. — Römer 10,17 LUT

Das Fehlen einer solchen Lehre führte dazu, dass wir alle glaubten, Gott wirke heute keine Wunder mehr. Die Gemeinde lehrte lediglich, wie man gerettet wird, und das war es im Grunde.

Die Taufe im Heiligen Geist

Als ich die Taufe im Heiligen Geist empfing, wurde mir zunehmend bewusst, dass Wunder nicht der Vergangenheit angehören und dass Gott auch heute noch übernatürliche Dinge auf der Erde wirkt. Ich begann, mir Zeugnisse von Menschen anzuhören, die Engel gesehen hatten, die Visionen empfingen und Träume hatten. All das war biblisch. Es stand alles in der Bibel.

Als mir klar wurde, dass diese Dinge möglich waren, begann ich, mich danach zu sehnen. Ich betete: »O Gott, lass mir einen Engel erscheinen. Gott, lass Feuer fallen, lass es in meinen Händen brennen, wenn ich für Menschen bete.« Ich betete um all diese physischen Manifestationen. Dann sprach der Herr irgendwann zu mir und sagte: »Andrew, wenn du mich in diesem Bereich weiter drängst, kannst du Visionen und Träume haben. Daran ist nichts verkehrt oder schlecht, aber es ist nicht mein Bestes. Eine größere Salbung liegt auf einer Person, die allein aufgrund der Verheißung meines Wortes glaubt und nicht, weil sie Engel sieht oder Visionen oder Träume hat. Denn das ist mein Bestes.«

Daraufhin änderte ich mein Gebet und sagte: »Gott, ich will dein Bestes. Es spielt für mich keine Rolle, ob ich jemals eine Vision bekomme oder einen Engel sehe.« Und weißt du was? Ich habe noch nie einen Engel gesehen. Ich habe noch nie eine hörbare

Stimme vernommen. Und doch hat Gott auf übernatürliche Weise durch das geschriebene Wort zu mir gesprochen.

Es sind bei meinen Versammlungen schon Menschen auf mich zugekommen und haben mir erzählt, dass sie Engel gesehen hätten, die während der Veranstaltung auf beiden Seiten neben mir standen. Viele Wunder sind geschehen!

In Charlotte, North Carolina, sagte mir der Herr einmal, dass er mir zeigen werde, wie in meinen Versammlungen auf übernatürliche Weise Engel am Werk seien. Ich sagte es niemandem, aber ich rechnete damit, dass ich einige Zeugnisse darüber hören würde. Im Laufe der Woche geschahen in den einzelnen Zusammenkünften vier oder fünf Dinge.

Die höchste Form des Glaubens

Eines dieser Dinge ereignete sich, als ich eine Heilung ausrief und ein junger Mann nach vorne kam. Die Kraft Gottes traf ihn und er fiel zu Boden. Als er wieder hochkam, baten wir ihn, Zeugnis zu geben. Er sagte: »Als diese Heilung ausgerufen wurde, legte sich eine Hand auf meine Schulter. Es war ganz real, doch als ich mich umdrehte, um nachzusehen, stand da kein Mensch.« Dieser junge Mann war mit seiner Mutter zu diesem Treffen gekommen. Er war als Sohn sehr rebellisch und wollte eigentlich gar nicht dabei sein. Er glaubte an nichts von alledem, dennoch hatte er gespürt, dass ihn jemand berührte. Er sagte: »Als ich mich umdrehte, sah ich einen Engel und Gott sprach zu mir, deshalb bin ich nach vorne gekommen.«

Solche Dinge kommen vor. Ich bin mir ihrer Existenz bewusst. Ich glaube daran. Ich habe nichts dergleichen je persönlich erlebt, aber ich glaube daran. Und wie der Herr mir gezeigt hat, ist dies die höchste Form des Glaubens – das, was Gottes Wort verspricht, einfach anzunehmen und es zu glauben.

Was ist mit dir? Vielleicht glaubst du an die übernatürliche Kraft Gottes. Vielleicht kennst du einige der Verheißungen, aber in Wahrheit reicht dir Gottes Wort nicht aus. Du brauchst zwei Engel, drei Visionen und vier Gänsehautmomente, bevor du etwas glauben kannst. Wenn das bei dir der Fall ist, wird Gott dir so gut es geht entgegenkommen, aber es wird nicht das Beste sein, was Gott für dich hat. Gottes Bestes ist es, wenn du wie der Hauptmann wirst und sagen kannst: »Herr, du brauchst mich nicht zu berühren. Ich brauche dich nicht zu sehen. Ich brauche nichts außer deinem Wort« (Mt 8,8).

Die gute Nachricht ist, dass Gott dir in seinem Wort viele Verheißungen gegeben hat. Du hast jede Menge Versprechen von ihm! Sobald du in die Sphäre des Glaubens eintrittst, eines großen und reinen Glaubens, in der Gottes Wort für dich so real wird wie das, was du sehen, schmecken, hören, riechen oder betasten kannst, wirst du größere Segnungen erhalten.

Das ist es, was ich will. Ich möchte nicht sein Zweit- oder Drittbestes. Mein Ziel ist das Beste, was Gott zu bieten hat – der Glaube an sein Wort allein. Halleluja!

KAPITEL 7

Säen und ernten

Am *Charis Bible College* lehren wir keine Philosophie, Theorie oder bloße Erfahrung. Wir lehren das Wort Gottes und nutzen Erfahrung oder etwas anderes nur, wenn es mit der Bibel übereinstimmt. Gottes Wort ist unser sicheres Fundament.

Das Reich Gottes funktioniert nach dem Prinzip von Saat und Ernte (Gal 6,7–8). Und man kann nur ernten, was man zuvor gesät hat. Deshalb ist es wichtig, Gottes Wort zu nehmen und darüber nachzusinnen, bis es das Leben und die Kraft, die darin enthalten sind, in deinem Leben zur Entfaltung bringt.

Ich habe schon zahlreiche Christen getroffen, die verwirrt, verbittert und wütend waren – sogar auf Gott! Sie waren verunsichert, weil sie nicht wussten, warum in ihrem Leben nichts funktionierte. Doch sie hatten Gottes Wort nicht wie einen Samen aufgenommen und in ihr Herz gesät. Ihr Groll auf den Herrn war also völlig ungerechtfertigt.

Wenn du Gottes Wort nicht besser kennst als das Börsengeschehen, besser als die neuesten Schlagzeilen, besser als die Tabellen deiner Lieblingsmannschaft – besser als all diese physischen, natürlichen Dinge –, darfst du dich nicht wundern, wenn die Ergebnisse eher natürlicher als geistlicher Natur sind. So funktioniert das Reich Gottes nun einmal.

Keine Saat, keine Ernte

Und er sprach: Mit dem Reich Gottes ist es so, wie wenn ein Mensch Samen aufs Land wirft und schläft und steht auf, Nacht und Tag; und der Same geht auf und wächst - er weiß nicht wie. Von selbst bringt die Erde Frucht, zuerst den Halm, danach die Ähre, danach den vollen Weizen in der Ähre. Wenn aber die Frucht reif ist, so schickt er alsbald die Sichel hin; denn die Ernte ist da. — Markus 4,26–29 LUT

Die Menschen, die Jesus lehrte, waren mit dem Thema Ackerbau sehr vertraut. Sie gingen nicht einfach in den Laden und kauften dort ihr Gemüse. Die meisten von ihnen bauten ihre eigenen Feldfrüchte an. Daher waren ihnen die Gegebenheiten der Landwirtschaft bestens bekannt. Der Herr benutzte diese naturgemäßen Wahrheiten über das Gärtnern oder das Säen und Ernten, um geistliche Wahrheiten zu veranschaulichen.

Gottes Wort ist wie ein Same (Mk 4,14), und dieser Same muss in unser Herz gesät werden. Unser Herz ist der Boden, auf dem der Same, also Gottes Wort, aufgeht und wächst. Auf diese Weise wird sein Reich in unserem Leben wirksam. Keine Saat, keine Ernte. Kein Wort, kein Wunder. Das gilt sowohl für das Reich des Natürlichen als auch für das Reich des Geistes.

Und [der Mensch] schläft und steht auf, Nacht und Tag; und der Same geht auf und wächst - er weiß nicht wie. — Markus 4,27 LUT

In Markus 4,27 heißt es, dass der Mensch den Samen sät. Der Mensch schläft und steht wieder auf, es wird Tag und wieder Nacht, und der Same keimt und wächst, aber der Mensch weiß nicht wie.

Weißt du, was das bedeutet? Es bedeutet, sobald der Same gesät ist, braucht es eine gewisse Zeit, bis er aufgeht und Frucht trägt.

Lass ihn, wo er ist

Sagen wir, du nimmst ein Samenkorn und legst es in die Erde. Was würde passieren, wenn du am nächsten Morgen zurückkämst und es wieder ausgräbst? Wäre zwischenzeitlich etwas geschehen? Nun, innerhalb eines Tages hätte sich noch nichts verändert.

Nehmen wir an, du legst ihn wieder hinein und gräbst ihn am nächsten Tag erneut aus, um ihn zu untersuchen. Diesmal lässt du den Samen drei oder vier Tage liegen, bevor du ihn wieder hineinlegst. Dann gräbst du ihn ein oder zwei Tage später wieder aus. Diesmal lässt du ihn eine Woche lang liegen, bevor du ihn erneut in den Boden legst. Ist dir bewusst, dass dieser Same niemals seine Kraft entfalten wird?

Gott hat ein Samenkorn so geschaffen, dass es aufgeht, wenn man es in die Erde legt und dort lässt. Du kannst es nicht stündlich ausgraben, um zu sehen, ob sich etwas tut. Stattdessen musst du es im Glauben dort lassen und darauf vertrauen, dass es Frucht bringen wird, weil Gott es so gesagt hat.

Genauso verhält es sich mit dem Wort Gottes. Sagen wir mal, du hast die Herausforderung angenommen, Gottes Wort höhere Aufmerksamkeit zu schenken. Du widmest dich also fünf Minuten dem Wort Gottes, liest einige Dinge und hast ein paar positive Gedanken. Dann gehst du zur Arbeit und verstößt durch die Art, wie du redest, handelst und lebst, gegen alles, was du gelesen hast. Am nächsten Morgen verbringst du wieder fünf oder zehn Minuten im Wort Gottes, ziehst aber los und verbringst deinen Tag dennoch in völligem Widerspruch zu den gelesenen Bibelstellen. Dann lässt du deine Zeit im Wort Gottes vier oder fünf Tage lang ausfallen, bis es Zeit für die Kirche ist. Du besuchst den Sonntagsgottesdienst und hörst der Predigt zu. Gott spricht durch die Predigt zu dir und Begeisterung steigt in dir auf. Danach lässt du aber für eine Woche oder so einfach wieder alles schleifen.

Kannst du sehen, was du da tust? Du bist wie jemand, der einen Samen in die Erde sät, ihn dann aber wieder ausbuddelt, um ihn zu betrachten. Und weil du nicht wahrnehmen kannst, dass etwas geschieht, verlierst du den Glauben. Nein, du musst den Samen des Wortes in deinem Herzen lassen und ihm Zeit geben, dort zu wachsen. So funktioniert das mit dem Wort Gottes.

Fünf Minuten im Wort Gottes können sechzehn Stunden Unglauben am Tag nicht ausgleichen. Du musst Gottes Wort ernst nehmen und intensiv darüber nachdenken. Nimm eine Wahrheit aus Gottes Wort und betrachte sie. Vielleicht liest du etwas während deiner morgendlichen Andacht und Gott spricht zu dir darüber. Deine Einstellung sollte sein: »Herr, bitte hilf mir, mich den ganzen Tag daran zu erinnern. Ich werde diese Wahrheit, die du zu mir gesprochen hast, in meinem Inneren leben lassen. Ich möchte, dass sie mein Denken und Handeln beeinflusst.«

Ausgegraben

Nehmen wir an, du liest: »Darum sollt ihr euch nicht sorgen um den morgigen Tag; denn der morgige Tag wird für das Seine sorgen« (Mt 6,34). »Sorgt euch nicht um euer Leben, was ihr essen und was ihr trinken sollt, noch um euren Leib, was ihr anziehen sollt!« (Mt 6,25). »Trachtet vielmehr zuerst nach dem Reich Gottes und nach seiner Gerechtigkeit, so wird euch dies alles hinzugefügt werden!« (Mt 6,33). Du liest diese Verse während deiner morgendlichen Andachtszeit, aber dann gehst du tagsüber aus dem Haus und es taucht ein Problem auf. Es scheint, als hättest du nicht genügend Geld, um deine Rechnungen zu bezahlen, dein geleastes Auto wird zurückgefordert oder Ähnliches passiert. Wirst du nun das Wort, das du in dich aufgenommen hast, einfach wieder herausreißen und anfangen, dir Sorgen zu machen und die Dinge selbst in die Hand zu nehmen? Oder wirst du tun, was das Wort sagt?

Bete stattdessen: »Vater, heute Morgen erst habe ich Matthäus 6,25–34 gelesen. Du hast gesagt, ich solle mir wegen dieser Dinge keine Gedanken machen. Du sagtest, ich solle zuerst nach deinem Reich und deiner Gerechtigkeit trachten, und du würdest mir all diese Dinge hinzufügen. Ich werde dir vertrauen. Ich werde dein Wort in meinem Leben wirken lassen!«

Du wirst vielleicht einigen Ängsten und anderen gegensätzlichen Gedanken widerstehen müssen, aber kämpfe gegen sie an. Werde sie los und lass Gottes Wort reichlich in deinem Herzen wohnen (Kol 3,16). Gründe dein Gedankenleben und dein Handeln auf das, was Gottes Wort sagt, und nicht auf das, was der Bankangestellte, dein Nachbar oder die Nachrichten zu sagen haben. Wenn du so verfährst, sorgst du dafür, dass das Wort Gottes in deinem Herzen bleibt.

Wenn etwas geschieht, das im Widerspruch zu dem steht, was du im Wort gelesen hast, und du dann sagst: »Ich weiß nicht, woher ich meine nächste Mahlzeit nehmen soll, wir werden unser Haus verlieren, das Auto wird gepfändet werden, nichts funktioniert mehr …« und anfängst, im Widerspruch zu dem Gelesenen zu denken, zu reden und zu handeln, dann hast du soeben den Samen des Wortes ausgegraben. Dieser Same hat keine Wurzeln schlagen können, weil er nicht in deinem Herzen geblieben ist. Du hast die Sorgen dieses Lebens und andere Dinge ihn ersticken und dir rauben lassen (Mk 4,16–19). Das Wort wird dir nichts nützen, wenn du nicht zulässt, dass es zunehmend deine Gedanken, deine Gefühle und dein Handeln bestimmt.

Ich bete, dass du verstehst, was ich hier sage. Das sind mächtige, praktikable Wahrheiten! Du willst vielleicht etwas Tiefgründigeres, aber das hier ist, was du brauchst. Wenn du Gottes Wort in dein Herz aufnimmst, wird es wie ein Same sein, den du in den Boden legst. Lass ihn dort ruhen. Es kann eine Woche, einen Monat oder länger dauern, bis du ein erstes Keimblatt sprießen siehst, aber du musst dem Samen Zeit geben, sich zu entwickeln. Es gibt eine Zeit des Säens und eine Zeit des Erntens.

Eine Lebensweise

Exakt so verhält es sich mit dem Wort Gottes. Hast du gesagt: »Ich denke, ich versuche das mal«, und hast dann fünf Minuten im Wort Gottes verbracht und erwartet, dass sich dein Leben sofort ändert? Gräbst du den Samen des Wortes einfach wieder aus, wenn du nach zehn Minuten nicht völlig geheilt bist, wenn deine Ehe nicht wiederhergestellt ist oder sich allgemein keine Besserung eingestellt hat? Kommst du dann zu dem Schluss: »Nun, es hat wohl nicht funktioniert«?

Ein solches Verhalten ist genauso unsinnig wie das einer Person, die ein Samenkorn in die Erde steckt und sich nach fünf Minuten schon wundert, warum kein voll ausgewachsener Getreidehalm zu sehen ist. So funktioniert das nicht. Man kann seinen Samen nicht ausbuddeln, ihn kontrollieren, dann wieder in die Erde stecken, danach erneut ausgraben, betrachten, in die Erde stecken und das am laufenden Band. Nein, man muss den Samen einfach dort liegen lassen und ihm Zeit zum Keimen geben.

Du kannst nicht mal eben fünf Minuten im Wort Gottes verbringen, ein Gebet sprechen und dann, wenn dein Leben nicht sofort in Ordnung kommt und alles gut zu laufen beginnt, sagen: »Tja, das Wort hat nicht gefruchtet.« Nein, du hast ihm nur fünf Minuten Zeit im Boden gegeben. Du hast es nur für eine kurze Zeitspanne in deinem Herzen gelassen.

Das Ganze muss zu einer Lebensweise werden. Du musst dahin gelangen, dass du Gottes Wort zu glauben beginnst. Du stehst auf und gehst schlafen, du lebst und lässt dich Tag und Nacht von Gottes Wort leiten. Und mit der Zeit wird es so sein, wie es in Markus 4,27 (LUT) beschrieben ist: »[Der Mensch] schläft und steht auf, Nacht und Tag; und der Same geht auf und wächst – er weiß nicht wie.«

KAPITEL 8

Wie ändere ich mich?

[Der Mensch] schläft und steht auf, Nacht und Tag;
und der Same geht auf und wächst – er weiß nicht wie.
— Markus 4,27 LUT

In diesem Vers heißt es, dass der Same von selbst aufgeht und dieser Mensch nicht weiß, wie. Ist das nicht großartig?

Ich verstehe nicht, wie, aber es funktioniert. Ich kann dir persönlich bezeugen, dass es wirklich funktioniert. Wenn du Gottes Wort einfach in dein Herz legst, indem du es liest, darüber nachsinnst, es gedanklich bewegst und versuchst, deine Emotionen, Gedanken und Handlungen daran auszurichten, wird der Same von selbst aufgehen. Ich weiß nicht, wie er das macht, aber die Veränderung tritt ein.

In meiner Lehrreihe »Verändert werden ohne Mühe« und dem gleichnamigen Buch behandle ich diese Wahrheit wesentlich ausführlicher, als es hier möglich ist. Ich weiß, die Vorstellung, dass Veränderung mühelos sein kann, klingt wie ein Widerspruch in sich. Wie kann ein Mensch mühelosen Wandel erleben? Für die meisten Menschen ist Veränderung mit großen Schwierigkeiten und Mühen verbunden, besonders wenn es um das Leben als Christ geht. Christen sehen Veränderung oft als anstrengende Arbeit an. Das liegt jedoch daran, dass sie es nicht auf Gottes Weise angehen.

Zu Gottes Methode, Veränderung, Reife, Wachstum und Sieg in deinem Leben herbeizuführen, gehört, dass du das Wort Gottes, welches der Same aller Veränderung ist, nimmst und es konsequent über einen bestimmten Zeitraum hinweg in dein Herz säst. Und wenn du Gottes Methode befolgst und sie zu deiner Lebensweise machst, bewirkt das Wort Gottes ganz von allein Veränderung, und du weißt nicht, wie es geschieht.

Panik kommt auf

Einmal hörte ich mir eine Konferenzaufzeichnung an. Darin sprach der Redner, der ebenfalls im geistlichen Dienst steht, über einige der Schwierigkeiten und Probleme, die er in diversen Bereichen durchgemacht hatte. Ich fühlte mich dermaßen gesegnet! Viele der Probleme, die so manch einer durchmacht, konnte ich vermeiden. Ich sage das nicht, um mich selbst zu loben. Es lag nicht an mir oder daran, dass ich irgendetwas Besonderes getan hätte. Es ist einfach Gott zu verdanken! Indem ich mich auf Gottes Wort verließ, ihn kennenlernte und Wissen erlangte über das, was sein Wort sagt, hat Gott mein Leben mühelos verändert.

Müsste ich in der Zeit zurückgehen und versuchen, die letzten fünfzig Jahre aus eigener Weisheit neu zu durchleben, hätte ich keine Chance, die Dinge so gut zu machen, wie sie gemacht worden sind. Ich habe das nicht alles selber auf die Reihe bekommen. Es war einfach deshalb so gut, weil ich in der Beziehung zu Gott geblieben bin und mich mit seinem Wort beschäftigt habe. Gottes Wort hat meine Einstellung, meine Gefühle und meine Gedanken verändert. So funktioniert das.

Ganz am Anfang meiner Beziehung zum Herrn hatte ich eine wunderbare Begegnung mit ihm. Es geschah am 23. März 1968, dass ich seine Liebe zu mir kennenlernte. Es war eine emotionale Erfahrung, die mein Leben revolutionierte und meine ganze Welt auf den Kopf stellte. Aber dieses Gefühl hätte mich nicht durch die letzten fünfzig Jahre tragen können. Es gab mir emotional den Anstoß und weckte auf dramatische Weise meine Aufmerksamkeit, aber was mein Leben wirklich veränderte, war Gottes Wort.

Nachdem die mit dieser Erfahrung verbundenen Emotionen abgeklungen waren, und obwohl ich das Wort Gottes las und studierte, wurde mir klar, dass ich dem Wort Gottes nicht die Bedeutung beigemessen hatte, die es eigentlich hätte haben sollen. Ich war achtzehn oder neunzehn Jahre alt und lebte noch zu Hause bei meiner Mutter. Eines Tages kniete ich mich vor meinem Bett hin, um zu beten. Ich hatte soeben in der Bibel gelesen, weshalb sie aufgeschlagen vor mir lag. Ich sagte: »O Gott, meine starken Gefühle hinsichtlich dessen, was du in meinem Leben getan hast, scheinen zu schwinden.« In mir stieg Panik auf und ich betete weiter: »Herr, ich will das nicht verlieren. Ich will meine Liebe zu dir nicht verlieren!« Ich wusste, dass Gott Großes mit meinem Leben vorhatte, aber ich hatte keine Ahnung, wie ich von dem Punkt, an dem ich war, dorthin gelangen sollte. Also fragte ich ihn: »Herr, wie komme ich von hier aus dorthin?« Für mich sah es so aus, als läge eine endlos lange Strecke vor mir. »Gott, was soll ich bloß tun? Wie gehe ich vor? Wie kann ich diese Dinge bewahren?«

Ich hatte meine Augen die ganze Zeit geschlossen gehalten. Als ich sie wieder öffnete, fiel mein Blick sofort auf die vor mir liegende aufgeschlagene Bibel. In meinem Herzen hörte ich den Herrn sagen: *Wenn du es zu deiner höchsten Priorität machst, mein Wort zu kennen, es zu studieren und darüber nachzusinnen, dann wird mein Wort alles Nötige tun.* Es war keine hörbare Stimme, vielmehr etwas, das ich einfach in meinem Inneren wahrnahm.

Dennoch nahm ich es so an, als hätte Gott es mit hörbarer Stimme zu mir gesprochen.

Hunger

Also begann ich das Wort zu lesen. Ich studierte es und sann darüber nach – bis zu sechzehn, manchmal zwanzig Stunden am Tag – und versuchte, nach dem Wort Gottes zu leben. Hier bin ich nun, fünf Jahrzehnte später, und ich kann dir wahrheitsgemäß sagen, dass Gottes Wort mich alles gelehrt hat und alles für mich getan hat, was ich brauchte.

Vielleicht fühlst du dich gerade verzweifelt, so wie ich es war. Du bist dir nicht sicher, wie du von dort, wo du jetzt stehst, dorthin gelangen kannst, wo Gott dich deiner Überzeugung nach haben möchte, und es erscheint dir wie ein riesiger Kraftakt. Du fragst: »Wie ändere ich mich? Wie mache ich das?« Ich gebe dir mein persönliches Zeugnis: Gottes Wort tut es! Wie Markus 4,27 sagt, sprießt und wächst es einfach von allein. Du brauchst es nicht zu verstehen.

Ich verstehe es ebenfalls nicht. Ich könnte nicht zurückblicken, mein Leben umreißen und dir genau sagen, warum all diese Dinge funktionieren. Aber eines kann ich sagen: Ich habe fünfzig Jahre damit verbracht, nach Gott zu streben und Tag und Nacht über sein Wort nachzusinnen. Aufgrund meines vollen Terminkalenders verbringe ich heute nicht mehr so viel Zeit im Wort Gottes wie früher, aber ich beschäftige mich immer noch ständig damit. Ich höre mir Audio-Lehreinheiten an, wann immer ich kann. Und ich habe immer noch ein Verlangen danach, Gottes Wort zu lesen.

Vor einiger Zeit verbrachte ich einen ganzen Tag, vielleicht zehn Stunden oder mehr damit, einfach nur dazusitzen und Gottes

Wort zu lesen. Ich hatte noch andere Dinge zu tun, aber Gottes Wort zu lesen hat mich derart begeistert, dass ich meine Bibel nicht mehr weglegen konnte. Hier bin ich, ein halbes Jahrhundert später, und ich tue es immer noch. Ich habe diese Dinge Hunderte, ja Tausende Male gelesen. Ich fühle mich wie der Prophet, der erklärte: »Gottes Wort brennt in meinem Inneren!« (Jer 20,9). Es begeistert mich.

Wenn ich mutlos werde, mir Sorgen mache oder mich etwas sehr beschäftigt, brauche ich nur die Bibelstellen nachzuschlagen, in denen von der Treue Gottes die Rede ist und davon, wie er für mich in allem vorgesorgt hat. Ich lese diese Verse und sie sind wie Feuer. Das Feuer kommt in mich und verschlingt alle Sorgen, Kümmernisse und Frustrationen.

Es funktioniert

Du denkst jetzt vielleicht: *Du bist echt eigenartig, Andrew. Das Ganze ist ziemlich merkwürdig. Ich verstehe nicht, wovon du sprichst. In meinem Inneren brennt Gottes Wort jedenfalls nicht.* Nun, ich sage dir, dass es das kann und auch sollte. Wenn es das nicht tut, liegt es nicht daran, dass Gott es nicht will, sondern daran, dass du ihm noch nicht die richtige Priorität und Bedeutung beigemessen hast.

Der Heilige Geist ist ein wunderbarer Lehrer, aber man muss zum Unterricht erscheinen. Du musst ins Klassenzimmer gehen, dich hinsetzen und dem, was er sagt, Aufmerksamkeit schenken. Was nützt es dir, den Heiligen Geist als Lehrer zu haben, wenn du nie zur Schule gehst? Das Wort Gottes soll wie Feuer sein, das in deinen Knochen brennt. Es soll Veränderungen in deinem Leben bewirken. Gott hat das Wort erschaffen und es uns zu diesem Zweck gegeben.

Jesus erschien in seinem Auferstehungsleib zweien seiner Jünger und begleitete sie nach Emmaus, aber sie erkannten ihn zunächst nicht (Lk 24). Jesus erklärte ihnen die Heilige Schrift, und schließlich, als er das Brot beim gemeinsamen Abendmahl segnete und brach, erkannten sie, wer er war. Er verschwand aus ihrer Sicht und sie sagten: »Brannte nicht unser Herz in uns, als er mit uns redete auf dem Weg, und als er uns die Schriften öffnete?« (Lk 24,32). Und genau so soll es sein.

Doch das Wort Gottes wird dich nicht in einer solchen Weise berühren oder verändern, wenn es nur auf deinem Couchtisch liegt. Du kannst dir die Bibel auch nicht einfach auf den Kopf legen und Feuer, Sieg, Zuversicht und Kraft empfangen. Du musst sie lesen, über das Gelesene nachsinnen und anfangen, dein Denken und Handeln danach auszurichten. Du musst das Wort zur vorherrschenden Kraft in deinem Leben werden lassen. Du kannst nicht einfach eines der Kärtchen aus deiner Schachtel mit Bibel-Merksätzen nehmen, wenn du morgens zur Tür hinausgehst, und einen Vers pro Tag, pro Woche oder was auch immer lesen und dann denken, dass du das Wort Gottes verinnerlicht hast. Es wird einige Zeit dauern. Du wirst dranbleiben müssen. Aber wie Markus 4,27 sagt: »Der Same wird aufgehen und wachsen.« Du weißt nicht, wie, aber es funktioniert. Das ist großartig! Ich genieße das bis heute, auch wenn ich noch immer nicht alles verstehe.

Es gibt Zeiten, in denen ich einfach in eine Sackgasse gerate. Ich versuche dieses und jenes, aber nichts funktioniert. Ich wende mich an den Herrn und frage ihn danach, weiß aber vielleicht nicht einmal, wie ich beten soll. Willst du wissen, was ich in einer solchen Situation tue? Ich setze mich einfach mit meiner Bibel hin und fange an zu lesen. Ich fange an, Gott anzubeten, ihm meine Liebe zu zeigen und bitte ihn, zu mir zu sprechen. Es dauert nicht lange, bis der Herr etwas zu mir sagt, das direkt auf meine Situation anwendbar ist.

Auf diese Weise wirkt Gott in meinem Leben. Ich weiß, ich bin kein perfektes Beispiel, aber es funktioniert. Und so wie es ist, passt es perfekt für mich. Du sagst jetzt vielleicht: »Ich wünschte, es würde auch bei mir so funktionieren, wie du es beschreibst.« Das kann es, wenn du dich der Sache so verschreibst, wie ich es getan habe. Du musst Gottes Wort aufnehmen, es in dein Herz hineinsäen und es dort belassen. Grabe es nicht wieder aus. Wenn du Gottes Wort auslebst, indem du dein Leben daran ausrichtest, wird Gottes Wort für dich wirksam werden. Sein Wort ist nie das Problem. Das Problem ist, dass wir Gottes Wort nicht in unser Herz aufnehmen.

KAPITEL 9

Unter dem Einfluss des Wortes

Genau wie ein natürlicher Same, der in den Boden gesät wird, eine Ernte hervorbringt, hat Gott dein Herz so gestaltet, dass es eine Ernte aus dem geistlichen Samen seines Wortes hervorbringt.

> *[Der Mensch] schläft und steht auf, Nacht und Tag; und der Same geht auf und wächst – er weiß nicht wie. Von selbst bringt die Erde Frucht, zuerst den Halm, danach die Ähre, danach den vollen Weizen in der Ähre. Wenn aber die Frucht reif ist, so schickt er alsbald die Sichel hin; denn die Ernte ist da.*
> — *Markus 4,26–29* LUT

Wenn du Gottes Wort dauerhaft in deinem Herzen verweilen lässt, wird sich dein Herz automatisch verändern. Dein Herz wird Frucht bringen. Es wird anfangen, Freude und Liebe anstelle von Angst, Ärger und Bitterkeit zu verströmen. Dein Herz wird Glauben statt Zweifel und Unglauben hervorbringen. Dein Herz wird mit Gottes Wort interagieren.

Die meisten Christen glauben diese Wahrheit nicht. Täten sie es, würden sie mehr Zeit im Wort Gottes verbringen und darüber meditieren und nachdenken. Würden sie dieses Prinzip verstehen und wirklich daran glauben, dann würden sie mehr Zeit in Gottes Wort investieren. Mehr gibt es dazu nicht zu sagen.

Zeit

Du kannst deine Hingabe an das Wort Gottes an der Zeit messen, die du ihm widmest. Welche Priorität du dem Wort Gottes tatsächlich einräumst, zeigt sich daran, wie viel Zeit du darin verbringst.

Nun wirst du vielleicht sagen: »Ach Andrew, natürlich glaube ich, dass Gottes Wort grundlegend ist. Es ist sehr wichtig und wir sollten es in unserem Leben zur Priorität machen.«

Nun, dann möchte ich dich Folgendes fragen: Wie viel Zeit verbringst du tatsächlich damit, das Wort Gottes zu lesen und darüber nachzusinnen? Viele Christen würden behaupten: »O ja, das hat Vorrang in meinem Leben«, aber sie könnten es nicht durch ihr Handeln belegen. Sie verbringen nur sehr wenig Zeit damit, ihr Herz mit dem Wort Gottes zu beschäftigen.

Mir ist klar, dass manchmal Dinge passieren und wir nicht immer so viel Zeit im Wort Gottes verbringen können, wie wir es gerne würden. Als Jamie und ich wegen der Waldbrände in der Nähe unseres Hauses evakuiert wurden, war ich damit beschäftigt, zu packen und den Haushalt zu verlegen. In solchen Momenten kann man einfach nicht viel Zeit damit verbringen, in der Bibel zu lesen. Aber das sind Ausnahmen.

Tägliche Nahrung

Es ist wie mit der Ernährung. Normalerweise essen wir dreimal täglich. Manche Menschen essen sogar mehr als dreimal am Tag. Aber weißt du was? Keiner verhungert, nur weil er eine Mahlzeit auslässt.

Doch was würde passieren, wenn du nur noch eine Mahlzeit pro Tag oder sogar nur noch einmal pro Woche essen würdest?

Könntest du trotzdem deine Gesundheit aufrechterhalten? Man kann eine Mahlzeit aufgrund einer stressigen Situation auslassen, aber man kann es sich nicht zur Gewohnheit machen, *nichts* zu essen, und trotzdem leistungsfähig bleiben.

Das Gleiche gilt für das Wort Gottes, das du wie deine natürliche Nahrung zu dir nimmst. Du musst ständig darüber nachsinnen, es immer wieder kauen. Es kann Tage geben, an denen du dich nicht damit nähren kannst, aber davon stirbst du nicht. Es ist ja nicht so, als wärest du gleich zum Scheitern verurteilt, nur weil du es mal nicht schaffst, in der Bibel zu lesen. Allerdings sollte dies eher die Ausnahme als die Regel sein. Du musst dahin gelangen, Gottes Wort mehr zu schätzen als deine täglichen Mahlzeiten.

So empfand es auch Hiob.

Ich habe die Worte aus seinem Munde mehr geschätzt als meine notwendige Nahrung. — Hiob 23,12 KJV

Hiob schätzte Gottes Wort mehr als seine tägliche Nahrung. Was wäre, wenn du dir diese Einstellung zu eigen machen würdest? Was wäre, wenn du dies zu deiner täglichen Praxis machen würdest? Was könnte in dir, an dir und durch dich geschehen, wenn du dich so oft von Gottes Wort ernähren würdest? Gott hat dein Herz so gestaltet, dass es sich unter dem Einfluss seines Wortes verändert.

Wie viel holst du heraus?

Überaus trügerisch ist das Herz und bösartig; wer kann es ergründen? — Jeremia 17,9

Wenn du dich dem Wort Gottes entziehst und deinem Herzen freien Lauf lässt, wird es anfangen, alle möglichen sündigen, bösen Dinge zu ersinnen. Du brauchst den Einfluss von Gottes Wort auf dein Herz. Das Wichtigste ist jedoch nicht, wie viel du liest, sondern wie viel du von dem, was du liest, *verstehst*, denn das macht den Unterschied.

Denn die Erde trägt von selbst Frucht, zuerst den Halm, danach die Ähre, dann den vollen Weizen in der Ähre.
— Markus 4,28

Es geht nicht darum, ob man fünfzehn Kapitel am Tag liest. Vielmehr geht es darum, wie viel man aus den Worten, die man liest, *herausholen* kann.

Was tust du da?

Ich hatte früher einen Bibelleseplan, anhand dessen ich die Bibel regelmäßig durchlas. Nun beschränkte sich die Zeit, die ich mit Bibellesen verbrachte, zwar nicht allein darauf, aber es war ein fester, systematischer Plan, an den ich mich zu halten versuchte.

Während einer bestimmten Phase meines Lebens, in der ich ebendiesem Plan folgte, betete ich oft: »Vater, ich studiere dein Wort, damit ich Gemeinschaft mit dir haben kann. Gib mir bitte Offenbarung. Herr, sprich zu mir durch dein Wort.« Dann begann ich mit meiner täglichen Lektüre. Eines Tages, als ich den ersten oder zweiten Vers gelesen hatte, begann mein Herz mit dem Wort zu interagieren, und plötzlich kamen mir all diese Gedanken, die ich nie zuvor gehabt hatte. Ich sah Dinge, die ich nie zuvor gesehen hatte, und ich begann, Offenbarungen von Gott zu empfangen. Ich habe die Bibel tatsächlich zur Seite gelegt, mich in meinem Sessel zurückgelehnt und über das meditiert, was Gott zu mir sprach. Es geschahen gute Dinge.

Dann rief ich mich zur Ordnung und dachte: *Mann, das ist erst der zweite Vers. Ich habe noch fünfundzwanzig Kapitel zu lesen!* Sofort blendete ich diese Gedanken, die mir durch den Kopf gegangen waren, aus und machte mich wieder ans Lesen. Während ich so las, merkte ich, wie der Herr zu mir sprach. Er sagte: »Was tust du da?«

Ich antwortete: »Nun ja, Herr, ich lese das Wort.«

Er fragte: »Warum liest du das Wort?«

Ich sagte: »Ich lese das Wort, damit du zu mir reden kannst.«

Dann wurde es ganz still. Gott hat nichts weiter gesagt. Ich begann zu überlegen, was das alles zu bedeuten hatte. Dann dämmerte es mir. Hier war ich und bat den Herrn, zu mir zu reden. Also redete er beim zweiten Vers zu mir, und in gewisser Weise sagte ich ihm: »Nein, Gott, nicht jetzt. Merkst du nicht, dass ich das Wort lese? Wie kommst du dazu, mein Bibelstudium zu unterbrechen?«

Höre von Gott

Das klingt furchtbar, ich weiß. Ich bin aber einfach nur ehrlich zu dir. Hast du so etwas auch schon einmal gemacht?

Hast du das Wort gelesen, um das Gefühl zu haben, dass du etwas geleistet hast, das dich mit dir selbst zufrieden macht? Hast du dabei vergessen, dass der Zweck des Lesens seines Wortes darin besteht, von Gott zu hören? Hey, wenn Gott schon beim ersten Wort des ersten Satzes zu dir spricht, dann vergiss den Rest der Bibellese für den Moment und lass dir vom Herrn mitteilen, was er dir zu sagen hat.

Der eigentliche Grund, sich mit dem Wort Gottes zu beschäftigen, liegt darin, dass Gott so unser Herz beeinflussen kann. Und wenn dein Herz durch das Lesen eines bestimmten Verses verändert wird, dann lies diesen Vers einfach immer und immer wieder, bis dein Herz den vollen Nutzen daraus zieht.

Wie es in den Psalmen heißt: *Sela* – halte inne und denk darüber nach.

KAPITEL 10

Automatisch

Sehen wir uns noch einmal Markus 4,28 an:

Denn die Erde trägt von selbst Frucht, zuerst den Halm, danach die Ähre, dann den vollen Weizen in der Ähre.

Das griechische Wort, das mit »von selbst« übersetzt wurde, ist *automatos* und bedeutet laut Strong's Konkordanz so viel wie »selbstbewegt, d. h. spontan«. Auf diesen Begriff geht auch unser Wort »automatisch« zurück. Wenn die richtigen Bedingungen und ausreichend Zeit gegeben sind, bringt die Erde automatisch Frucht hervor. Es muss eine Wechselwirkung zwischen dem Samen (Gottes Wort) und unserem Herzen geben, um die gewünschte Ernte zu erhalten.

Wissenschaftler haben Samen entdeckt, die Tausende von Jahren alt sind und nie gekeimt und gefruchtet haben. Doch als die Samen in die Erde gesetzt wurden, entwickelten sie sich nach ihrer Art. Die Wunderkraft, die Gott in die Samen gelegt hat, hat sich im Laufe der Zeit nicht verringert. Sie waren so potent wie am Tag ihrer Erzeugung, aber sie keimten erst, als man sie in die Erde einbrachte.

Und hier ist etwas, worüber du vielleicht noch nie nachgedacht hast: Nicht die Samen brachten die Frucht hervor. In diesem Vers heißt es, »die Erde trägt von selbst Frucht«. Die Samen aktivierten das Potential, das in der Erde steckte, und die Erde brachte die Frucht hervor.

Ich schätze, jeder von uns hat schon einmal die Aussage gehört: »Man kann die Anzahl der Kerne in einem Apfel zählen, aber man kann nicht die Anzahl der Äpfel in einem Apfelkern zählen.« Daran ist zwar etwas Wahres, aber es stimmt nicht, dass aus einem Apfelkern ein Apfelbaum entsteht, der wiederum weitere Äpfel mit Kernen hervorbringt.

Nein! Markus 4,28 macht deutlich, dass es der Boden ist, der die Frucht hervorbringt. Der Same aktiviert nur das im Boden vorhandene Potential, den Baum und dann die Frucht hervorzubringen. Wenn du das nicht glaubst, dann setze einen Samen in unfruchtbaren Boden und schau, was du bekommst. Nichts. Das Samenkorn zieht irgendwie das Potential aus dem Boden, das bereits vorhanden ist.

Die Eiche steckt nicht in einer Eichel. Vielmehr steckt ein Wunder in der Eichel, das den Boden aktiviert und ihm die Nährstoffe entlockt, aus denen eine riesige Eiche entsteht. Die Eiche ist bereits in der Erde, und die Eichel bringt einfach alle im Boden liegenden Eichenbestandteile hervor. Wenn du einen Apfelsamen säst, wird er alle Bestandteile des Apfelbaums aus dem Boden ziehen. Und so ist es auch mit jedem anderen Samen.

Das Gleiche ist in der Schöpfungsgeschichte festgehalten. In 1. Mose 1,1 heißt es: »Im Anfang schuf Gott die Himmel und die Erde.« Als es dann jedoch um die Tiere ging, sagte Gott: »Die Erde bringe lebende Wesen hervor …« (1Mo 1,24). Und in 1. Mose 2,19 steht: »Und Gott der HERR bildete aus dem Erdboden alle Tiere des Feldes und alle Vögel des Himmels …« Dies ist eine sehr wichtige Aussage.

Der Herr schuf die Erde, aber die Tiere formte er aus dem, was bereits im Boden war. Dasselbe geschah mit dem Körper von Adam. In 1. Mose 2,7 heißt es: »Und Gott der Herr formte den Menschen aus dem Staub der Erde und blies ihm den Odem des Lebens in die Nase; und der Mensch wurde eine lebendige Seele.« Alles, was nötig war, um sämtliche Landtiere und sogar Adams Körper hervorzubringen, befand sich bereits in der Erde. Der Boden brauchte nur einen Samen, der den Prozess in Gang setzte und diese Dinge hervorbrachte. Gottes Wort war dieser Same (Mk 4,14). Elefanten, Giraffen, Hunde, Katzen und alles, was auf der Erde kriecht und fliegt, war zuvor in der Erde gewesen. Gottes Wort hat nur das aktiviert und aus der Erde geholt, was Gott bereits dort hineingelegt hatte.

Ich stelle mir vor, dass der Herr viel Sorgfalt und Vorbereitung in die Schöpfung gesteckt hat, bevor er die Dinge ins Leben rief. Als er den Himmel und die Erde schuf, legte er alles in die Erde, was er benötigte, um jedes Tier nach seiner Vorstellung zu formen. Die Tiere waren bereits als Rohmaterial vorhanden, aber er musste sie durch die wunderwirkende Kraft seines Wortes – den Samen – aus der Erde holen.

In vergleichbarer Weise ist unser Herz der Boden, in dem alles Nötige vorhanden ist, um jegliche Sache hervorzubringen, die wir brauchen. Das Einzige, was fehlt, ist der Same. Wenn der Same des Wortes Gottes in unser Herz gesät wird, beginnt dieser Same sofort das Leben hervorzubringen, das Gott in das menschliche Herz gelegt hat.

Wir können dies in der Natur beobachten. Wenn ein Zaunpfahl lange genug in der Erde bleibt, beginnt der Boden ihn zu zersetzen. Der Boden wird die Elemente des Pfostens aufbrechen, in dem Bemühen, Frucht hervorzubringen. Der Boden unterscheidet nicht zwischen einem Apfelkern, einer Eichel oder einem Zaunpfahl. Er nimmt alles auf, was in ihn hineingegeben wird, und versucht, es mit Leben zu füllen. Die Erde versucht einfach automatisch, alles wachsen zu lassen, was auch immer in sie gelegt wird.

Das kann sowohl gut als auch schlecht sein. Es ist gut, wenn wir den Samen des Wortes Gottes in unser Herz hineinlegen, aber es ist schlecht, wenn wir zulassen, dass Samen der Sünde und des Unglaubens hineingesät werden. Unser Herz fängt automatisch an, dem Leben zu geben, was unsere Aufmerksamkeit in Anspruch nehmen darf. Traurigerweise widmen die meisten von uns den negativen Dingen dieser Welt wesentlich mehr Zeit und Aufmerksamkeit als den ewigen Dingen des Wortes Gottes. Deshalb müssen wir die Saat der Sünde und des Unglaubens ausreißen und anfangen, die wunderbare Saat des Wortes Gottes zu säen.

Wird diese Wahrheit über Gottes Wort als Samen, der das wunderbare Potential unseres wiedergeborenen Geistes aktiviert, verstanden und angewandt, leistet sie Erstaunliches. Wir müssen diesen Prozess nicht bis ins kleinste Detail verstehen (Mk 4,27). Wir müssen nur danach handeln, und unsere Herzen werden automatisch die wunderbare Frucht hervorbringen, die Gott mit dem gesäten Samen beabsichtigt.

KAPITEL 11

Schritte und Stufen

Anhand dieses Gleichnisses sehen wir, dass so wie die Ernte von der Aussaat des Samens abhängt, auch das Sichtbarwerden des Reiches Gottes in unserem Leben vom Wort Gottes abhängig ist (Mk 4,26–29).

> *Denn die Erde trägt von selbst Frucht, zuerst den Halm, danach die Ähre, dann den vollen Weizen in der Ähre.*
> *— Markus 4,28*

Wenn du ein Getreidekorn säst, geht es nicht plötzlich auf und – zack – schon ist es ein vollausgewachsener Stängel mit drei Ähren daran. Auf diese Weise läuft das nicht ab. Stattdessen keimt der Samen zuerst. Es passiert eine Menge unter der Erde, bevor man an der Oberfläche überhaupt etwas sieht. Aber sobald das Wachstum einsetzt, bildet sich zunächst ein kleiner Trieb oder Halm. Dann wächst der Halm weiter hoch und bildet eine Ähre, die sich dann zu einer voll ausgereiften Frucht entwickelt.

Selbst wenn du bereits eine Ähre an dem Halm siehst, kannst du trotzdem erst davon essen, wenn das Getreide gereift ist. Du musst die Pflanze weiter wachsen lassen, bis sie zur vollen Reife gelangt.

Bei einer Tomatenpflanze bekommt man zuerst einen kleinen Trieb, dann eine kleine Blüte, und schließlich eine winzige Tomate. Aber man muss sie wachsen lassen, bis sie voll ausgereift ist. Ein

Verkaufsargument, das die Werbung für Tomaten verwendet, ist »staudengereift«. Mit anderen Worten: Es ist besser, sie an der Staude reifen zu lassen, als sie grün zu pflücken und sie dann nachreifen zu lassen. Sie muss zum richtigen Zeitpunkt gepflückt werden.

Stufenweise Entwicklung

Diese Wahrheit gilt auch für geistliche Dinge. Wenn du das Wort Gottes nimmst und es in dein Herz säst, musst du ihm Zeit zum Keimen geben. Selbst wenn du erste Resultate siehst und weißt, dass das Wort Gottes etwas bewirkt, führt es nie zu einem sofortigen Sieg. Es gibt Stufen oder Schritte, die zum Sieg führen.

Der Sieg wird immer schrittweise erlangt. Man kommt nie auf einen Schlag von einem Punkt des Versagens und der Niederlage zum absoluten Sieg. Das ist es, was die Menschen sich wünschen. Dafür beten sie immerzu. Aber wenn du Gottes Wort nimmst, es in dein Herz säst und dich davon zur Reife und zum Sieg in deinem Leben führen lässt, dann wird es Schritte und Stufen auf dem Weg dorthin geben. Darum geht es in diesem Gleichnis. Das ist die Aussage von Markus 4,28. Dies ist ein Gesetz Gottes, das sich nie ändert. Auf dem Weg zur Reife und zum Sieg gibt es notwendige Schritte und Stufen, die man durchlaufen muss.

Man kann nicht sofort von null auf tausend Stundenkilometer gehen. Dazwischen liegt ein Beschleunigungsprozess. Bei dem Versuch, direkt auf Höchstgeschwindigkeit zu gehen, würde es dich gegen die Heckscheibe schleudern. Man muss langsam beschleunigen und an Geschwindigkeit gewinnen. Genauso verhält es sich in deinem Leben als Christ auf dem geistlichen Gebiet.

Vielleicht kommst du aus einem Umfeld, in dem dir gesagt wurde, dass Gott heute keine Wunder mehr tue oder Menschen heile. Doch jetzt hast du die Offenbarung, dass Gott sehr wohl auch heute noch heilt. Du beginnst, daran zu glauben, und du möchtest in diesem Bereich der körperlichen Heilung den Sieg beschleunigen und vollständig manifestiert sehen. Du willst einfach völlige Heilung und völlige Befreiung erfahren und gleich jetzt in vollkommener Gesundheit leben. Doch weißt du was? Damit würdest du die Wahrheit ignorieren, dass zuerst der Halm kommt, dann die Ähre, und dann das volle Korn in der Ähre. Es gibt Schritte und Stufen.

Wenn du nicht im Kleinen anfängst, Gott zu glauben, und dich von dort aus weiterentwickelst, dann wirst du keinen vollständigen Sieg erleben. Man wird nicht von einer Person, die Gottes Wort nie in ihrem Leben angewandt und nie über das Wort nachgedacht hat, plötzlich zu jemandem, der einen Berge versetzenden Glauben hat und eine unheilbare Krankheit überwinden kann. Es ist nicht schlau, zu warten, bis etwas passiert – wie etwa eine Krebserkrankung, bei der die Medizin nicht mehr helfen kann –, bevor man anfängt, Gott zu glauben und auf ihn zu vertrauen. Zu erwarten, dass man einen Samen sät und in der nächsten Woche erntet, ist unklug. Genauso unklug ist es, von der Tatsache, noch nie ein Wunder des Herrn im eigenen Leben gesehen zu haben, direkt zu der Erfahrung gelangen zu wollen, dass der Krebs auf übernatürliche Weise geheilt wird, der Tumor sich auflöst, alle Schmerzen verschwinden und völlige Wiederherstellung eintritt. Es gibt Schritte und Stufen.

Übe dich

Was würde passieren, wenn ein Bauer so vorginge? Er würde bankrottgehen, wenn er mit der Aussaat warten würde, bis er in eine Notlage gerät, dann aber trotzdem damit rechnete, dass er am nächsten Morgen seine Ernte einfahren könnte, um sie zu Geld zu machen. Er würde ganz sicher nicht das benötigte Geld erhalten, weil er keine Ernte hätte. So funktioniert das nicht.

Wenn du in deinem Leben Heilung erfahren willst, musst du dort ansetzen, wo du gerade stehst. Vielleicht übst du erst einmal an einer Erkältung oder an Kopfschmerzen. Viele Menschen denken: *Ich werde Gott doch nicht mit Kopfschmerzen belästigen.* Bedenke jedoch, was das Wort sagt: Erst kommt der Halm, dann die Ähre, dann das volle Korn in der Ähre. Es gibt Schritte. Es gibt Stufen. Es geht um Wachstum. Wenn du nicht im Glauben darauf vertrauen kannst, von Gott Heilung für deine Kopfschmerzen zu empfangen, dann kannst du auch nicht glauben, dass Gott dich von Krebs heilt.

Ich will hier gewiss niemanden entmutigen, der sich in der Vergangenheit noch nicht einmal mit Kopfschmerzen vertrauensvoll an Gott gewandt hat, jetzt aber an Krebs erkrankt ist. Du bist damit in einer Situation, in der du keine Alternative hast. Du wirst jetzt ins kalte Wasser springen und anfangen müssen, Gott zu glauben. Aber wenn du keine Erfolgsbilanz hast, wenn du nicht über einen längeren Zeitraum gewachsen und gereift bist, wirst du wahrscheinlich zu jemandem gehen müssen, der das Wort Gottes in sich aufgenommen hat und gewachsen und gereift ist. Lass diese Person für dich beten und nutze ihren Glauben als Hilfe, um deine Heilung zu empfangen.

Wenn du Heilung allein dadurch empfangen willst, dass du das Wort annimmst und es glaubst, wird das mit einem Wachstumsprozess verbunden sein. Vorbereitungszeit ist niemals vergeudete Zeit. Auch wenn du eine Tablette gegen deine Kopfschmerzen nehmen und innerhalb von dreißig Minuten Linderung erfahren könntest, ist es dennoch eine wertvolle Erfahrung für dich, wenn du stattdessen deinen Glauben einsetzt. Vielleicht hast du versucht, auf Gott zu vertrauen, aber die Kopfschmerzen ziehen sich nun schon den ganzen Tag hin und es tut immer noch weh. Du denkst: *Was soll das bringen?* Nun, was du nicht verstehst, ist die Tatsache, dass du nicht in der Lage sein wirst, diesen Quantensprung zu machen und zu glauben, dass Gott dich von Krebs heilen oder blinde Augen und taube Ohren öffnen kann, bevor du nicht diesen ersten kleinen Spross gesehen und angefangen hast, Gott in diesen kleinen Dingen zu vertrauen. Es ist nützlich für dich, standzuhalten und gegen den Kopfschmerz anzukämpfen. Du könntest zwar eine Tablette nehmen, aber so übst du dich darin, Gott zu ehren und auf ihn zu hören (1Tim 4,7–8).

Das wird nicht passieren

Vor Jahren kam einer unserer Bibelschüler mit einer groß angelegten Idee zu mir. Dieser Mann litt unter gewissen psychischen Problemen und hatte den Großteil seines Lebens in psychiatrischen Einrichtungen verbracht. Obwohl schon etwas über dreißig Jahre alt, war er noch nie einer Erwerbstätigkeit nachgegangen. Seine Familie hatte die Kosten für den Aufenthalt in diesen Einrichtungen getragen. Er lebte von Sozialhilfe und hatte noch nie etwas Eigenes auf die Beine gestellt.

Eines Tages lehrte ich über das Thema Wohlstand, über den Glauben an Gott und darüber, dass man aktiv werden und Hand an etwas legen sollte, das der Herr segnen kann. Das begeisterte diesen Mann so sehr, dass er zu mir kam und mir von seiner Vision erzählte, ein altes Hotel in der Nähe zu sanieren, das ausgebrannt war. Es handelte sich um ein gemauertes Gebäude, sodass es noch instand zu setzen war, aber innen gab es massive Schäden. Er hatte es entdeckt und wollte es für etwa 2 Millionen Dollar kaufen. Dann wollte er mehr als 3 Millionen Dollar für die Instandsetzung ausgeben, um anschließend Unterkünfte an Collegestudenten vermieten zu können. Er hatte sich ausgerechnet, wie hoch die Miete pro Zimmer sein musste, damit die Kosten für den Kauf und die Sanierung mit den Einnahmen gedeckt würden. Das alles hatte er sich ausgerechnet und zu Papier gebracht, und er sagte, Gott habe zu ihm gesprochen. Er wollte Gott vertrauen, dieses historische Hotel kaufen, es sanieren und Millionär werden.

Ich sparte nicht mit Lob für ihn. Bis zu jenem Zeitpunkt hatte dieser Mann sein ganzes Leben lang von Sozialhilfe gelebt. Er hatte nie auch nur daran gedacht, etwas zu tun. Also lobte ich ihn dafür, dass er Träume hatte und groß dachte. Ich führte ihm jedoch auch die Wahrheit vor Augen. Ich sagte: »Das ist ein großartiger Plan, aber er wird für dich nicht aufgehen.«

Das nahm er mir übel. Er sagte: »Willst du mir meinen Glauben madig machen, dich gegen das aussprechen, was Gott mir aufgetragen hat zu tun?«

»Laut der Bibel«, sagte ich, »gibt es immer zuerst den Halm, dann die Ähre und dann das volle Korn in der Ähre.« Ich empfand wirklich Liebe für diesen Mann. Ich respektierte ihn und mochte ihn sogar. Doch ich sagte ihm: »Du hast bisher noch für keinen einzigen Cent auf Gott vertrauen müssen. Du hast dein ganzes Leben lang von deinen Eltern oder dem Sozialamt alles bekommen, was du brauchst. Du hast noch nie erlebt, dass Gott dir auch nur einen einzigen Dollar auf übernatürliche Weise gegeben hätte, und jetzt willst du von einem Dollar, den du nie bekommen hast, gleich auf 5 Millionen Dollar gehen? Das wird nicht passieren. So funktioniert das Reich Gottes einfach nicht.«

Ich riet ihm, er solle sich einen Job suchen und anfangen, seinen Lebensunterhalt selbst zu verdienen. Sobald er seine eigene

Miete zahlen, seine Lebensmittel selbst kaufen, sein eigenes Auto fahren und für den eigenen Lebensunterhalt aufkommen würde, wäre ich bereit, mit ihm gemeinsam an größere Dinge zu glauben. Aber schlagartig von null auf hundert zu kommen, ist keine Beschleunigung, sondern ein sicherer Crash. Es wird dich umbringen.

Fang irgendwo an

Irgendwo musst du anfangen. Du musst damit beginnen, Gott in den kleinen Dingen zu vertrauen. Wenn du dann bei einigen Dingen treu warst und Vertrauen gefasst hast, wird Gott dich zu Größerem führen (Lk 16,10). Dies ist ein Gesetz des Reiches Gottes. Es ist die Art und Weise, wie das Wort Gottes in deinem Leben wirkt. Wenn du Gott in den kleinen Dingen nicht vertraust – wenn du sein Wort und seine Verheißungen nicht annimmst, die sich auf deinen Alltag beziehen, sei es bei der Arbeit, zu Hause, wenn dein Auto liegen bleibt oder etwas anderes passiert –, wie willst du dann im Glauben an ihn etwas Großes überwinden? Willst du warten, bis der Bankrott droht, bis der Arzt dir sagt, dass du sterben wirst, oder bis die Scheidungspapiere zugestellt werden, bevor du anfängst, Gott zu vertrauen und sein Wort auf dein tägliches Leben anzuwenden? Ich sage dir das in Liebe, aber wenn du so vorgehst, wirst du allein auf dich gestellt scheitern. Du wirst zu jemand anderem gehen müssen, um Hilfe zu bekommen.

Das ist die Art und Weise, wie das Reich Gottes funktioniert. Wenn du Gottes Verheißungen glauben und Wunder empfangen willst, dann musst du anfangen, sein Wort im Kleinen anzuwenden. Und es wird zuerst den Halm geben, dann die Ähre, und dann das volle Korn in der Ähre (Mk 4,28).

Als wir unseren Lehrdienst auf das Fernsehen ausweiteten, wäre ich am liebsten auf allen Kanälen der Welt gleichzeitig präsent gewesen. Doch obwohl ich zu diesem Zeitpunkt schon seit fast vierzig Jahren dem Herrn nachfolgte und mit ihm lebte, war ich noch nicht so weit. Also buchten wir nur für etwa 20.000 Dollar pro Monat Sendezeit im Fernsehen. Hinzu kamen andere Kosten, wie Mitarbeiter, Ausrüstung usw., die wahrscheinlich weitere 30.000 Dollar pro Monat ausmachten. Das war ein großer Schritt für unseren Dienst, aber es entsprach nicht der gesamten Vision. Ich besann mich auf diese Wahrheit, dass es Schritte und Stufen gibt. Später kamen weitere 50.000 Dollar pro Monat an Sendezeit hinzu, und wir begannen, zusätzliche Gebiete rund um den Globus abzudecken. Gegenwärtig geben wir 1,3 Millionen Dollar pro Monat für Fernsehsendungen aus. Wir machen immer Glaubensschritte in die Richtung, in die der Herr uns führt, aber wir vergessen nicht, dass es immer zuerst den Halm gibt, dann die Ähre und dann das volle Korn in der Ähre.

Das Wachstum in Gottes Reich erfolgt in Schritten und Stufen.

KAPITEL 12

Zuerst das Tiefe

Jesus sagte:

> *Womit sollen wir das Reich Gottes vergleichen, mit welchem Gleichnis sollen wir es beschreiben? Es gleicht einem Senfkorn. Dieses ist das kleinste von allen Samenkörnern, die man in die Erde sät. Ist es aber gesät, dann geht es auf und wird größer als alle anderen Gewächse und treibt große Zweige, sodass in seinem Schatten die Vögel des Himmels nisten können. — Markus 4,30–32* LUT

Gleich nachdem der Herr mir gezeigt hatte, wie wichtig das Wort Gottes für mein Leben war, begann ich, es ununterbrochen zu studieren. Ich meine, ich sann Tag und Nacht darüber nach (Jos 1,8 und Ps 1,2). Dann wurde ich zur US-Armee eingezogen und ging als Soldat nach Vietnam. In meiner allerersten Woche in Vietnam sollten wir ein spezielles CS-Gas-Training absolvieren, bevor man uns an unseren endgültigen Einsatzort verlegen würde. Mir stand noch sehr gut in Erinnerung, dass ich in der Grundausbildung eine sehr negative Erfahrung mit CS-Gas gemacht hatte, das im Grunde das Gleiche ist wie Tränengas. CS-Gas verbrennt Lunge, Augen und Rachen. Es ist einfach schrecklich.

Ich hatte in der Grundausbildung ein Erlebnis, bei dem wir unter niedrig gespannten Drähten hindurchkriechen mussten. Man sagte uns, sobald wir den Knall hörten, mit dem sich der

CS-Gas-Kanister öffnete, sollten wir unsere Gasmasken hervorholen, sie aufsetzen, ausblasen und uns bereit machen. Es war eine Übung, um zu sehen, wie schnell wir das schaffen würden.

Nun, aufgrund einer schlechten ersten Erfahrung, die ich mit CS-Gas hatte, hasste ich diese Übung. Dieses zweite Mal war ich also gewappnet. Als ich den Knall hörte und wusste, dass er von einem CS-Gas-Kanister kam, holte ich meine Gasmaske heraus und setzte sie auf. Ich war der Erste, der die Maske anlegte. Ein Ausbilder, der neben mir stand, trat mich und blaffte mich an: »Soldat, was machen Sie da? Ich habe Ihnen noch nicht gesagt, dass Sie Ihre Maske aufsetzen sollen. Nehmen Sie sie ab!« Also nahm ich meine Gasmaske ab. Dann stieß er mir einen Kanister mit CS-Gas, den er am Ende eines Stocks hielt, direkt ins Gesicht. Ich bekam einen heftigen Schwall davon ab, begann zu würgen und versuchte, meine Maske aufzusetzen. Es war eine schlimme Erfahrung. Er ließ mich strammstehen, aber ich würgte und übergab mich direkt in meine Maske. Das machte das Atmen noch schwieriger. Ich dachte, ich würde sterben.

Ein Freiwilliger

Nach der Ankunft in Vietnam sollten wir nun also dieses spezielle Training absolvieren. Man wollte uns in eine Gaskammer stecken und dann CS-Gas einleiten, um uns zu zeigen, wie schlimm das ist. Mich musste jedoch keiner mehr davon überzeugen, dass es schlimm war, und ich wollte das alles nicht noch einmal durchmachen müssen. Ich weiß noch, wie ich betete und sagte: »Herr, ich tue alles, wirklich alles, aber du musst mir hier heraushelfen!« Ich glaubte fest daran, dass Gott mich davor bewahren würde, in diese Gaskammer gehen zu müssen.

Am selben Morgen wurde beim Frühstück ein Freiwilliger gesucht. Eines der Dinge, die man in der Armee sofort lernt, ist, sich niemals freiwillig zu melden. Das ist einfach nicht besonders schlau. Mir war es zu diesem Zeitpunkt jedoch egal, was sie mit mir machen würden. Es war mir einerlei, ob sie mich als Ziel für Schießübungen benutzen würden – alles wäre besser als diese Gaskammer. Also meldete ich mich freiwillig. Es stellte sich heraus, dass sie mich an diesem Tag zur Bewachung der Baracken abstellten. Während also alle anderen durch die Gaskammer mussten, lag ich einfach auf meiner Pritsche in der Baracke und studierte das Wort Gottes. Es war großartig! Ich hatte eine super Zeit.

Bilde Wurzeln

Dieses Erlebnis werde ich nie vergessen. Ich las bei dieser Gelegenheit einen Bibelabschnitt (Mk 4,30–32), in dem es darum geht, dass das Reich Gottes wie ein kleines Senfkorn ist. Hast du schon mal ein Senfkorn gesehen? Ich weiß, wie es aussieht. Es ist winzig. Aber wenn es erst einmal gesät ist, kann es zu einer sehr großen Pflanze heranwachsen. Jesus sagte, dass es im Reich Gottes Wachstum gibt. Das lesen wir auch in Markus 4,28, wo es heißt: »Zuerst der Halm, dann die Ähre, danach das volle Korn in der Ähre.«

Durch diese Bibelstellen begann der Herr mir zu zeigen, dass ich noch wachsen musste. Das muss etwa im Januar 1970 gewesen sein und ich fühlte mich wie dieses winzige Senfkorn. Ich sagte: »Gott, ich weiß, dass du mich liebst, und du hast etwas Großartiges in meinem Leben getan. Aber ich bin der kleinste, unbedeutendste aller Menschen. Wie um alles in der Welt könntest du mich jemals gebrauchen?« Doch diese Stelle im Wort Gottes versprach mir, wenn ich diesen Samen – das Wort – nehmen und in mein Herz säen würde, dann würde er diese riesige Frucht hervorbringen. Es würde wie ein Baum sein, der so hoch wüchse, dass sich die Vögel des Himmels in seinem Schatten niederlassen könnten.

Ich weiß noch, wie ich da auf dieser Pritsche lag und meditierte und mir vorstellte, dass ich eines Tages so gewachsen wäre, dass ich etwas hätte, mit dem ich anderen Menschen helfen könnte und durch das ich in der Lage wäre, andere Menschen zu segnen. Ich erinnere mich, dass ich über all das nachdachte und in meiner Vorstellung diesen riesigen Baum sah. Es war wie eine gigantische Eiche, deren Äste sich überall hin ausbreiteten.

Während ich so darüber nachdachte und dieses Bild vor meinem geistigen Auge hatte, sprach der Herr zu mir. Er sagte mir, wenn er mir bei meinen mickrigen Wurzeln diese Art von Wachstum gewähren würde, dann würde der erste Vogel, der auf einem meiner Äste landete, den ganzen Baum zum Umstürzen bringen. Auf meinem Weg mit dem Herrn stand ich noch ganz am Anfang, ich hatte so wenige Wurzeln, dass der erste Windstoß mich umwerfen würde. Der Herr machte mir unmissverständlich klar, dass ich zuerst Wurzeln bräuchte und das Wachstum erst später käme. Zuallererst galt es also, Wurzeln zu schlagen.

Unter der Oberfläche

Die Wurzeln befinden sich unter der Oberfläche. Auch wenn sie meist nicht zu sehen sind, stabilisieren und verankern sie den Baum im Boden und ziehen von dort Wasser, Nährstoffe und Nahrung in ihn hinein. Die Wurzeln ermöglichen das gesamte übrige oberirdische Wachstum.

Der Herr zeigte mir, dass meine Wurzeln nicht sehr tief gingen. Sie waren zu flach, um das Gewicht dessen zu tragen, was ich mir vorstellte. Hätte er mir damals einen weltweiten Dienst eröffnet und mir die Möglichkeit gegeben, auf einem solchen Level zu den Menschen zu sprechen, dann hätte mich die kleinste auftauchende Schwierigkeit umgeworfen. Durch diese Sache begann der Herr wirklich intensiv über einige Dinge zu mir zu sprechen.

Du wünschst dir vielleicht einige großartige Dinge vom Herrn. Vielleicht wünschst du dir großen finanziellen Erfolg, aber du hast nicht über das Wort Gottes nachgesonnen und zugelassen, dass dieses Wort tief in dir Wurzeln schlägt. In 1. Timotheus 6,9–10 steht:

Denn die, welche reich werden wollen, fallen in Versuchung und Fallstricke und viele törichte und schädliche Begierden, welche die Menschen in Untergang und Verderben stürzen. Denn die Geldgier ist eine Wurzel alles Bösen; etliche, die sich ihr hingegeben haben, sind vom Glauben abgeirrt und haben sich selbst viel Schmerzen verursacht.

Nun, es ist nichts falsch daran, wohlhabend zu sein. Aber diese Verse weisen darauf hin, dass man ein gut ausgebildetes Wurzelsystem und ausreichend Stabilität braucht, um mit Wohlstand auf göttliche Weise umgehen zu können. Würde Gott dich mit allem versorgen, segnen und dir alles geben, was du dir wünschst, dann würde dich genau das ruinieren, wenn du nicht tief im Wort Gottes verwurzelt bist. Du musst diese Wurzeln nämlich zuerst in die Tiefe wachsen lassen.

Mehr auf dich bedacht

Vielleicht möchtest du losziehen und große Heilungswunder vollbringen und alle möglichen Zeichen und Wunder tun. Aber das Wirken in einer solchen übernatürlichen Kraft ist mit Verantwortung, Widerstand und auch mit Versuchungen verbunden. Eine davon ist, zu denken, man selbst habe diese Wunder gewirkt, anstatt in aller Demut anzuerkennen, dass Gott derjenige war und man von ihm nur als Werkzeug gebraucht wurde.

Es mag viele Dinge geben, die du dir für dein Leben wünschst und für die du betest, die dich allerdings völlig zerstören würden, wenn der Herr sie dir in diesem Moment gewähren würde. Gott bestraft dich nicht und tut dir nichts Böses an. Unser himmlischer Vater tut nur gute Dinge für seine Kinder. Aber manchmal empfinden wir etwas als schlecht, weil es nicht das ist, was wir im Moment wollen. Doch Gott versucht, in unserem Inneren ein Wurzelsystem zu schaffen.

Gott ist mehr auf dich persönlich bedacht als darauf, andere durch dich zu erreichen. Ihm geht es vor allen anderen Dingen um deine Integrität. Durch diese Gleichnisse in Markus 4 hat mich der Herr Folgendes gelehrt: »Kümmere dich nicht um das oberirdische Wachstum. Wenn du das Wort annimmst und es tief in deinem Inneren verwurzelst, dann wird dieses andere Wachstum ganz von allein erfolgen.« Man kann unmöglich ein Samenkorn in die Erde legen und es dort Wurzeln schlagen lassen, ohne dass daraus auch ein Baum oder eine andere Pflanze oberhalb der Erde entsteht.

Wenn die Eichel keimt und so das Leben der Eiche beginnt, wird die meiste Energie zunächst in die Wurzelbildung gesteckt, während oberhalb der Erde nur wenig wächst. Denn nur mit einem zuverlässigen Wurzelsystem kann die kleine Eichel zu einer spektakulären Eiche heranwachsen. Und es braucht Zeit, solche Wurzeln zu entwickeln.

Standhalten

Manche Leute sehen mich an und sagen: »Du meine Güte, wie ist dein Dienst doch gewachsen. Das ist alles so schlagartig gekommen – praktisch über Nacht!«

Ja klar, es war ein schlagartiges Wunder, das nur fünfzig Jahre Vorlauf gebraucht hat. Es mag so wirken, als sei das Wachstum ganz plötzlich eingetreten, aber was diese Leute nicht sehen, sind die fünfzig Jahre, in denen ich Gott gesucht, mit ihm gelebt und Wurzeln geschlagen habe, in denen ich standgehalten habe und das tat, was er mir auftrug, zu tun.

Es muss sich ein Wurzelsystem in dir entwickeln, und genau dafür sorgt das Wort Gottes. Es formt den nötigen Charakter in dir und bewahrt dich davor, substanzlos zu sein. Das ist es, was wir *alle* brauchen!

KAPITEL 13

Mit Gott vertrauten Umgang haben

Meine Kindheit verbrachte ich in Arlington, Texas. In unserem Garten hatten wir dreiundzwanzig Pekannussbäume. Meine Eltern machten es zu meiner Aufgabe, durch den Garten zu gehen und alle Pekannuss-Sprosse herauszuziehen. Die Pekannüsse fielen nämlich von den Bäumen ins Gras, wurden von Laub bedeckt, schlugen Wurzeln und begannen zu wachsen. Zunächst waren sie nicht sehr groß, wenn sie aus dem Gras ragten. Ich konnte hingehen und sie einfach mit der Hand herausziehen. Doch wie Kinder nun einmal sind, war ich nicht gerade begeistert davon, Minibäumchen aus dem Boden ziehen zu müssen. Also ließ ich sie wachsen, bis sie etwa einen Meter hoch waren. Dann sahen meine Eltern sie und befahlen mir, diese Pekannussbäumchen auszureißen.

Ich lernte, dass so ein Bäumchen, wenn es dreißig Zentimeter hoch war, bereits eine Menge Wurzeln im Boden ausgebildet hatte. Wenn ich dieses Bäumchen bis zu einem Meter hoch wachsen ließ, musste ich es schon mit dem Spaten ausgraben, um es loszuwerden. Hätte ich die Gelegenheit ergriffen, als es nur ein paar Zentimeter aus dem Boden lugte, hätte ich es locker von Hand herausziehen können.

Als ich an jenem Tag in Vietnam auf meiner Pritsche meditierte, wünschte ich mir, wie ein riesiger Baum zu sein, aus dessen Leben alle möglichen Früchte erwachsen. Ich dachte über all die oberirdisch geschehenden Dinge nach, die für mich und für andere Menschen offensichtlich wären. Doch der Herr erklärte mir, dass mein Wurzelsystem – das unter der Erde liegt, wo die Menschen es nicht sehen können – viel wichtiger sei. Er sagte: »Wenn du ein gutes Wurzelsystem hast, kommt das andere automatisch.«

Wie ein Baum

Du möchtest vielleicht, dass Gott dich gebraucht und sichtbare Dinge bewirkt, damit andere Menschen sehen können, was der Herr in deinem Leben tut. Und doch verbringst du keine Zeit zu Hause allein mit ihm – indem du das Wort Gottes liest, studierst und darüber nachsinnst –, denn das bringt dir kein Schulterklopfen ein. Es ist nichts Vorzeigbares. Es ist nichts, wofür du irgendwelche Auszeichnungen bekommst.

Doch nur dann, wenn du deine persönliche Beziehung zu Gott vertiefst, indem du Zeit mit ihm verbringst und ihn durch das Wort besser kennenlernst, entwickelt sich dein Wurzelsystem. Wenn du wirklich gesund und fruchtbar sein willst, ist das unabdingbar. Du musst ein festes Wurzelwerk ausbilden.

Und genau darum geht es in Markus 4,30–32! Jesus sagte:

> *Womit sollen wir das Reich Gottes vergleichen, mit welchem Gleichnis sollen wir es beschreiben? Es gleicht einem Senfkorn. Dieses ist das kleinste von allen Samenkörnern, die man in die Erde sät. Ist es aber gesät, dann geht es auf und wird größer als alle anderen Gewächse und treibt große Zweige, sodass in seinem Schatten die Vögel des Himmels nisten können. — Markus 4,30–32 LUT*

So wie ein Samenkorn in der Natur erst ein Wurzelsystem entwickeln muss, bevor es das über dem Boden stattfindende Wachstum tragen kann, muss auch ein Gläubiger Zeit in der Gegenwart Gottes und in seinem Wort verbringen. Genau das ist es, was Gott benutzt, um am Herzen des Gläubigen zu arbeiten und ein geistliches Wurzelsystem entstehen zu lassen, das ihn durch schwere Zeiten trägt.

Tatsächlich wird ein Mensch nach dem Herzen Gottes in Psalm 1,1–3 (NLB) mit einem Baum verglichen:

> *Glücklich ist der Mensch, der nicht auf den Rat der Gottlosen hört, der sich am Leben der Sünder kein Beispiel nimmt und sich nicht mit Spöttern abgibt. Voller Freude tut er den Willen des HERRN und denkt über sein Gesetz Tag und Nacht nach. Er ist wie ein Baum, der am Flussufer wurzelt und Jahr für Jahr reiche Frucht trägt. Seine Blätter welken nicht, und alles, was er tut, gelingt ihm.*

Ein gottverbundener Mensch ist wie ein Baum, der an einem Wasserstrom gepflanzt ist. Das ist von großer Wichtigkeit, insbesondere in einem Klima, wie es in der Wüste herrscht! Wenn ein Baum am Wasser gepflanzt ist, können seine Wurzeln diese Wasserquelle anzapfen und ihn ständig nähren, unabhängig von den Wetterbedingungen. Der Baum kann standhalten und bleibt stark genug, um trotz extremer Witterung und Dürre zu überleben und sogar zu gedeihen.

Schwere Zeiten

Jeder macht im Leben Zeiten durch, die wie eine Dürre sind. Uns passieren Dinge, die nicht unbedingt von Gott oder dem Teufel kommen. Manches geschieht einfach aufgrund natürlicher Umstände.

Als meine Frau und ich aus unserem Haus evakuiert wurden, weil in der Nähe Waldbrände wüteten, wollte mir ein Mann erklären: »Nun, wenn Sie Gott wirklich glauben würden, wäre das nicht passiert.«

Ich sehe das ganz anders. Wir befanden uns mitten in einer Dürre, und die Bedingungen waren denkbar ungünstig. Es war so trocken, dass ein Blitzschlag oder etwas anderes diese Brände ausgelöst haben könnte. Man muss nicht zwangsläufig davon ausgehen, dass es von Gott verursacht wurde oder der Teufel dahintersteckte. Manchmal passieren einfach natürliche Dinge. Ich habe zu Gott gebetet und darauf vertraut, dass er auf übernatürliche Weise dafür sorgen kann, dass wir hinterher noch ein Haus haben, aber wäre es verbrannt, hätte ich nicht das Gefühl gehabt, Gott sei mir gegenüber untreu gewesen.

Das ist nicht anders als bei jemandem, der ein Haus am Meer baut und von einem Hurrikan getroffen wird. Ich würde nicht denken, dass Gott denjenigen im Stich gelassen hätte. Wenn jemand ein Haus nahe der San-Andreas-Verwerfung in Kalifornien baut und dann ein Erdbeben kommt und das Haus beschädigt, wäre es falsch, wenn diese Person auf Gott wütend wäre. Es gibt natürliche Dinge, die einfach passieren.

Meine Frau und ich leben mitten im Wald. Wenn es also aufgrund einer Dürreperiode lange Zeit trocken ist, besteht die Gefahr eines Waldbrandes. Wenn jemand direkt am Meer wohnt, muss er mit dem Risiko leben, von Orkanen getroffen zu werden.

Oder wenn jemand an einer Verwerfungslinie lebt, muss er mit möglichen Erdbeben rechnen. Es ist nicht Gott oder der Teufel, der das tut. Es ist ganz natürlich.

Im Leben wirst du einiges durchmachen müssen. Manchmal hast du das Gefühl, dass du durch eine Dürre gehst oder von einem Wirbelsturm getroffen wirst, oder die Umstände können dich wie ein Erdbeben bis ins Mark erschüttern. Aber wenn Probleme und schwierige Situationen über dich hereinbrechen, kann der Herr dich da hindurchtragen. Dein Wurzelsystem – die Beziehung, die du mit Gott aufgebaut hast – wird dich durch schwere Zeiten tragen.

Stabilität

Gibt es Probleme in deinem Leben? Verfluchst du diese Probleme und wünschst dir, sie würden verschwinden? Vielleicht denkst du: *Wenn ich Gott nur dazu bringen könnte, dieses Problem zu lösen, mir einen neuen Ehepartner, ein schöneres Haus, ein besseres Auto zu verschaffen …* Du schaust dir also all diese Dinge an und denkst: *Wenn ich nur diese Probleme lösen könnte, wäre alles in Ordnung.* Aber weißt du, wo dein Problem wirklich sitzt? In deinem Wurzelsystem. In der Tatsache, dass du nur oberflächliche Wurzeln hast. Du besitzt keine Tiefe. Das Wort Gottes ist nicht tief in deinem Herzen verwurzelt, sodass du nicht diese verborgene Nahrung anzapfen kannst. Versäumst du auch nur eine einzige Wassergabe, verdorrst du und gehst ein, weil du keine tiefere Reife oder wahre geistliche Wurzeln in dir hast. Weißt du, was dir Reife und Wurzeln gibt? Das Wort Gottes.

»Nein, Andrew, ich kann reifen und geistlich wachsen und all diese Dinge tun, ohne ständig Zeit im Wort Gottes zu verbringen.« Nun, du kannst das gerne so behaupten, wenn du willst, aber ich weiß aus Erfahrung, dass mir meine Beziehung zu Gott durch sein Wort gegeben wurde, denn auf diese Weise offenbart er sich mir.

> *Im Anfang war das Wort, und das Wort war bei Gott, und das Wort war Gott. ... Und das Wort wurde Fleisch und wohnte unter uns. — Johannes 1,1.14*

Jesus wird mit dem Wort gleichgesetzt, weil er durch dieses Wort spricht. Jesus Christus ist das offenbar gewordene Wort Gottes (Offb 19,11–16). Wenn ich das Wort Gottes studiere, studiere ich Jesus. Wenn ich das Wort Gottes lese und das Wort Gottes zu mir spricht, spricht Jesus zu mir. Ich habe eine lebendige, dynamische Beziehung zu Gott durch sein Wort.

Manche Menschen finden das merkwürdig. Es kommt ihnen seltsam vor. Sie sehen die Bibel nur als dieses Buch an und sagen: »Ach was, das ist bloß ein Buch. Es ist einfach ein Buch über Gott.« Nein, das ist es nicht. Wenn ich Gottes Wort lese und darüber meditiere, habe ich vertrauten Umgang mit ihm. Er spricht zu mir durch dieses Buch, dem ich mein ausgedehntes geistliches Wurzelsystem verdanke und das mir die Stabilität gegeben hat, die ich in meinem Leben habe.

An erster Stelle

Vielleicht sagst du jetzt: »Mir gefällt das nicht. Ich glaube einfach nicht, dass man so vorgehen muss.« Wirklich? Schauen wir uns einmal dein Leben an. Bringt es die von dir gewünschten Früchte hervor? Funktionieren die Dinge in deinem Leben so, wie es deinem Wissen nach von Gott gewollt ist? Wenn du ehrlich bist, müsstest du in vielen Bereichen deines Lebens antworten:

»Nein, das tun sie nicht.« Wenn also etwas nicht funktioniert, solltest du vielleicht in Betracht ziehen, es zu ändern und den Rat von jemandem anzunehmen, dessen Leben funktioniert. Ich bin nicht perfekt, aber mein Leben ist gesegnet. Gott tut großartige Dinge in mir und durch mich, und es ist genau so, wie die Bibel es beschreibt (Ps 1,1–3 und Mk 4,30–32).

Als ich als junger Soldat in Vietnam auf dieser Pritsche lag, sprach der Herr durch eben diese Bibelpassagen zu mir. Ich wollte die Frucht. Ich wollte dieser riesige Baum sein, der vielen Menschen Schutz, Schatten und Nahrung bieten würde. Doch der Herr sagte zu mir: »Du hast noch nicht das Wurzelsystem, um diese Art von Wachstum erhalten zu können, aber wenn du aufhörst, dir über das Wachstum Gedanken zu machen, und einfach mein Wort tief in dir wurzeln lässt, wird dieses Wachstum kommen.«

Also habe ich in den letzten fünfzig Jahren genau das getan und erfuhr enormes Wachstum in meinem Leben, in meinem Charakter und in der Zahl der Menschen, die Gott durch mich berühren konnte. Ich sage dir nur, was bei mir funktioniert hat. Das war ein *Rhema*-Wort von Gott an mich, und es hat sich bewährt!

Möchtest du solche Ergebnisse sehen? Willst du, dass die Kraft Gottes in deinem Leben zu wirken beginnt? Dann musst du über das Wort Gottes nachsinnen und es in deinem Inneren wurzeln lassen. Ich spreche nicht von einem flüchtigen Kennenlernen, sondern davon, dass du Gottes Wort besser kennst als deinen eigenen Handrücken. Dir muss Gottes Wort vertrauter sein als dein eigenes Gesicht.

Gottes Wort muss den ersten Platz in deinem Leben einnehmen. Und wenn du das konsequent über längere Zeit tust, wird Gottes Wort dir den ersten Platz bei allen Unternehmungen geben, zu denen Gott dich führt. Das ist gewaltig!

KAPITEL 14

Bin ich dir nicht wichtig?

Und am Abend desselben Tages sprach er zu ihnen: Lasst uns ans andre Ufer fahren. — Markus 4,35 LUT

Am selben Tag von was? Nun, am selben Tag, an dem Jesus all diese Gleichnisse darüber lehrte, dass Gottes Reich wie ein Same in unserem Leben wächst. Das Wort Gottes ist der Same, und er muss in das Erdreich unseres Herzens gepflanzt werden. Doch wir dürfen ihn dann nicht ständig herausholen, um ihn uns anzuschauen. Wir müssen ihn im Boden lassen, damit er Wurzeln schlagen kann. Und es wird verschiedene Schritte, Stadien und Phasen des Wachstums, der Reife und des Sieges geben.

Jedes der zehn verschiedenen Gleichnisse, die Jesus an jenem Tag lehrte, betont die Bedeutung des Wortes Gottes und vergleicht das Reich Gottes mit der natürlichen Welt, in der ein Same gesät werden muss, um eine Ernte hervorzubringen. Der Herr erklärte seinen Jüngern, wie das Wort Gottes wirkt. Er lehrte sie über das Reich Gottes. Jesus sprach zu den Jüngern und stellte sie dann auf die Probe.

Am *Charis Bible College* haben wir Kurse und Klassen. Wenn wir mit den Lektionen eines Kurses fertig sind, lassen wir die Studenten einen Test machen, um zu sehen, ob sie dem, was wir gelehrt haben, Aufmerksamkeit geschenkt, es verstanden und aufgenommen haben. Im Grunde hat Jesus das Gleiche mit seinen Jüngern gemacht.

Ein großer Sturm

Der Herr hatte sie über die Bedeutung des Wortes unterrichtet. Er brachte ihnen bei, wie sie das Wort annehmen, danach handeln und es bewahren sollten. Er lehrte sie, dass das Wort alles wirken würde, was sie benötigten. Das Wort sei wie ein Same. Wenn wir es richtig einsetzten, werde es ein Wunder bewirken und Gottes Reich sichtbar machen (Mk 4,26–32).

Nachdem der Herr sie all das gelehrt hatte, ließ er seine Jünger in ein Boot steigen und stellte sie auf die Probe, um zu sehen, ob sie das, was er sie soeben gelehrt hatte, umsetzen würden oder nicht.

> *Sie schickten die Leute fort und fuhren mit ihm in dem Boot, in dem er saß, weg; und andere Boote begleiteten ihn. Plötzlich erhob sich ein heftiger Wirbelsturm und die Wellen schlugen in das Boot, sodass es sich mit Wasser zu füllen begann. Er aber lag hinten im Boot auf einem Kissen und schlief. Sie weckten ihn und riefen: Meister, kümmert es dich nicht, dass wir zugrunde gehen? — Markus 4,36–38* EÜ

Ein großer Sturm kam auf, sie waren kurz davor, unterzugehen, und Jesus schlief auf einem Kissen im hinteren Teil des Bootes. Kannst du dir diese Szene vorstellen?

Ich war schon am See Genezareth und bin mit einer Nachbildung eines solchen Bootes gefahren. Es dürfte also ein offenes Boot ohne Unterdeckbereich gewesen sein. Hier heißt es, dass ihr Boot sich mit Wasser füllte (Mk 4,37). Es sah so aus, als würden sie ertrinken, und Jesus schlief auf einem Kissen (Mk 4,38). Er kann nicht in einem Schlafraum unter Deck gewesen sein, also muss er dort im Wasser gelegen haben.

Empört

Entweder schlief Jesus auf übernatürliche Weise so tief, dass er gar nicht merkte, wie in diesem gewaltigen Sturm das Wasser im Boot um ihn herumschwappte, oder – was wahrscheinlicher ist – er war sich der Situation bewusst, versuchte aber trotzdem zu schlafen. Ein Mensch könnte nicht einfach so im Wasser liegen und sich dieses Umstands nicht bewusst sein. Ich glaube, Jesus wusste, was vor sich ging, wollte aber einfach schlafen und sich ausruhen.

Da waren also seine Jünger, die nach Kräften Wasser schöpften und ihr Möglichstes taten, um das Boot über Wasser zu halten. Sie blickten zu dem schlafenden Jesus und weckten ihn, indem sie riefen: »Meister, kümmert es dich nicht, dass wir zugrunde gehen?«

Diese Jünger waren empört über Jesus. Sie sagten im Grunde: »Herr, du bringst dich nicht angemessen ein. Wir sind kurz davor zu ertrinken und du schläfst. Du weißt doch, dass wir in einem Sturm sind, nicht wahr? Du wogst genauso im Wasser umher wie wir, wie könntest du es also *nicht* wissen? Jesus, es ist dir einfach egal. *Wir* sind dir egal!« Nun, es gibt keinen Hinweis darauf, dass sie ein Wunder von ihm erwarteten. Aber sie wollten zumindest, dass er sich einen Eimer schnappte und half, das Wasser auszuschöpfen, oder dass er sich ein Ruder griff und ruderte. Sie wollten einfach, dass er *irgendetwas* tat.

Wir sollten nicht zu hart mit den Jüngern ins Gericht gehen, denn wir tun oft das Gleiche. Ich habe schon mit zahlreichen Menschen gesprochen, die sich in verschiedenen Krisensituationen befanden. Sie haben mir von ihrem Problem erzählt und wie sie darauf hofften, dass Gott sie aus dieser Situation herausholen würde. Aber weil nichts passiert war, kamen sie zu dem Schluss: *Gott kümmert sich nicht um mich. Ihm ist egal, was mir zugestoßen ist.* Das ist dieselbe Art von Einstellung.

Wenn du das Wort Gottes liest, musst du Zusammenhänge herstellen und es auf dein persönliches Leben anwenden. Um die Wahrheit zu sagen, fast jeder von uns hat sich schon des gleichen Verhaltens schuldig gemacht, das die Jünger an den Tag legten. Mitten in einer Krise, weil wir das Gefühl hatten, der Herr tue nicht genug, haben wir gesagt: »Gott, ich bin dir egal!«

Warum?

Doch sieh nur, was geschah, als die Jünger Jesus aufweckten:

Und er stand auf, befahl dem Wind und sprach zum See: Schweig, werde still! Da legte sich der Wind, und es entstand eine große Stille. — Markus 4,39

Das war ein Wunder. Es herrschte ein gewaltiger Sturm, und das Boot war voller Wasser. Doch Jesus stand auf, sprach drei Worte, und sofort herrschte eine große Ruhe. Das ist fantastisch!

Obwohl das ein großes Wunder war, sieh dir an, was Jesus im Anschluss daran sagte:

Und er sprach zu ihnen: Was seid ihr so furchtsam? Wie, habt ihr keinen Glauben? — Markus 4,40

Achte auf die Reaktion des Herrn. Er sagte nicht: »Leute, es tut mir leid. Ich habe versucht, etwas Schlaf zu bekommen, aber ich hätte aufbleiben sollen. Ich hätte euch helfen müssen. Vergebt mir. Ich habe mich geirrt und ihr habt recht.« Das war nicht die Antwort des Herrn. Ja, er stand auf und kümmerte sich um das

Problem, aber dann drehte er sich zu den Jüngern um und fragte: »Was seid ihr so furchtsam?«

Die meisten von uns würden antworten: »Warum ich mich so *fürchte*? Das Boot geht unter! Ich stehe kurz vor dem Tod. Was stimmt nicht mit dir?«

Aber wenn das Wort Gottes in dein Herz eingepflanzt wird, verändert es deine Sicht der Dinge. Du betrachtest Situationen auf eine andere Art und Weise und bist nicht völlig gestresst.

Ich brauche das nicht

Vor Jahren kam ich von einem Nachbarschaftstreffen, bei dem es um einen Waldbrand in unserer Gegend und die Evakuierungsanordnungen ging, die in dem Zusammenhang erlassen wurden. Es war zweifellos eine Krise. Leute von der Regierung verteilten Broschüren an die vier- oder fünfhundert Personen, die nach dem Treffen das Gebäude verließen. Einer von diesen Regierungsmitarbeitern fragte mich: »Hey, wollen Sie auch eine?« Ich antwortete: »Klar, ich nehme alles, was Sie anbieten.« Dann blieb ich stehen und las den Titel: *Stressmanagement – Wie man Stress erkennt und richtig mit ihm umgeht*. Ich legte die Broschüre einfach auf das Pult und sagte: »Danke, aber das brauche ich nicht.«

Manche der Anwesenden mögen gedacht haben: *Du brauchst das nicht? Du steckst in einer Krise! Du wirst aus deinem Haus evakuiert. Warum solltest du das nicht brauchen?* Dank dem Wort Gottes war ich nicht gestresst, besorgt oder beunruhigt. Jamie und ich sind gesegnet. Einige Leute haben uns angerufen und gefragt: »Geht es euch gut? Ist alles in Ordnung?« Sie klangen völlig gestresst, und ich so: »Uns geht es gut, aber was habt ihr für

Probleme?« Dass unsere Reaktionen so unterschiedlich ausfielen, lag an dem Einfluss von Gottes Wort.

Jesus stand in diesem Boot nicht auf und sagte: »Leute, es tut mir leid. Ich war unsensibel. Ich habe nicht auf euch geachtet.« Doch genau das ist die Einstellung, die uns in unserer Gesellschaft als angemessen eingetrichtert wird. Wir sind dermaßen auf Empfindungen fixiert, dass wir uns ständig einfühlen und den Schmerz anderer Menschen nachempfinden sollen. Mitleid ist jedoch alles, was die Welt zu bieten hat. Man lehrt uns, einander zu tätscheln und zu sagen: »Oh, ich weiß, es ist schlimm.« Aber Jesus hat etwas Besseres zu bieten.

Derselbe auch heute

Jesus hatte die Anwesenden, einschließlich seiner Jünger, den ganzen Tag über gelehrt, was das Wort Gottes bewirken könne und wie es sie verändern würde, wenn sie es in ihr Herz aufnähmen. Als Jesus dann später im Boot aufstand und sich um die Situation kümmerte, entschuldigte er sich nicht und sagte: »Ihr habt ja recht, so zu empfinden.« Stattdessen tadelte er seine Jünger und fragte sie: »Warum habt ihr keinen Glauben? Was ist los mit euch?« Die meisten von uns würden seine Reaktion für unangebracht halten.

Heute ist es nicht anders. Wenn jemand in eine Krisensituation gerät, sagen die meisten Leute: »Wie kannst du dich erdreisten, diesem Menschen zu sagen, dass er Gott glauben kann und die Möglichkeit hat, etwas zu unternehmen? Du solltest lieber hingehen und diese Person einfach umarmen, ihren Schmerz spüren und mit ihr fühlen.« Ich sage dir, dass es etwas Besseres gibt, als mit in die Kuhle zu steigen und sich gemeinsam im Elend zu wälzen. Wir müssen solchen Leuten die Hand reichen und ihnen aus dem Morast heraushelfen. Das Wort Gottes wird das Herz eines Menschen so verändern, dass er sich nicht länger von schwierigen Situationen überwältigen lässt.

Jesus war so. Er fragte: »Was ist das Problem? Warum habt ihr keinen Glauben?« Hätten sie das Wort aufgenommen, das zu ihnen gesprochen worden war – »Lasst uns hinüberfahren an das jenseitige Ufer!« (Mk 4,35) – und den für sie verfügbaren Glauben daraus geschöpft, dann wären sie nicht so außer sich über diese Krisensituation gewesen. Sie hätten die Sache in den Griff bekommen können.

Wir müssen anfangen, Gottes Wort ernst zu nehmen. Wir sollten aufhören zu jammern: »Herr, bin ich dir nicht wichtig? Warum hast du nichts unternommen?« Stattdessen müssen wir sagen: »Herr, ich weiß, warum ich nicht geheilt bin. Ich habe nicht über das Wort Gottes nachgesonnen. Die Bibel sagt, dass dein Wort Gesundheit für mein ganzes Fleisch ist und Leben für die, die es finden (Spr 4,20–22). Ich werde mich also in dein Wort vertiefen, selbst danach graben und dieses Leben finden!«

Er sandte sein Wort und machte sie gesund und ließ sie aus ihren Gräbern entkommen. — Psalm 107,20

Wenn du das Wort Gottes nicht annimmst und Tag und Nacht darüber nachsinnst, und wenn du dann keine Heilung erfährst, dann solltest du nicht wütend auf Gott sein, als habe er versagt. Er hat dir Heilung direkt in seinem Wort gegeben. Aber du nimmst deine »Medizin« nicht ein. Denn genau das ist das Wort Gottes: deine Medizin. Und die musst du täglich einnehmen, bis du die darin zugesagten Resultate siehst.

Hast du eine Not? Dann säe einen Samen – den Samen des Wortes Gottes!

KAPITEL 15

Potential

Jesus sagte:

Hört zu! Siehe, der Sämann ging aus, um zu säen. Und es geschah, als er säte, dass etliches an den Weg fiel; und die Vögel des Himmels kamen und fraßen es auf. Anderes aber fiel auf den felsigen Boden, wo es nicht viel Erde hatte; und es ging sogleich auf, weil es keine tiefe Erde hatte. Als aber die Sonne aufging, wurde es verbrannt; und weil es keine Wurzel hatte, verdorrte es. Und anderes fiel unter die Dornen; und die Dornen wuchsen auf und erstickten es, und es brachte keine Frucht. Und anderes fiel auf das gute Erdreich und brachte Frucht, die aufwuchs und zunahm; und etliches trug dreißigfältig, etliches sechzigfältig und etliches hundertfältig.
— Markus 4,3–8

Dann fuhr er fort:

Und er sprach zu ihnen: Wer Ohren hat zu hören, der höre! Als er aber allein war, fragten ihn die, welche um ihn waren, samt den Zwölfen über das Gleichnis. Und er sprach zu ihnen: Euch ist es gegeben, das Geheimnis des Reiches Gottes zu erkennen, denen aber, die draußen sind, wird alles in Gleichnissen zuteil, »damit sie mit sehenden Augen sehen und doch nicht erkennen, und mit hörenden Ohren hören und doch nicht verstehen, damit sie nicht etwa umkehren und ihnen die Sünden vergeben werden.« — Markus 4,9–12

Damit sagte der Herr: »Ich habe euch ein besonderes Verständnis gegeben, damit ihr diese Gleichnisse richtig verstehen könnt. Doch Menschen, die nicht wiedergeboren sind, können sie nicht verstehen.« Ich glaube, der Herr ist deshalb so vorgegangen, um diese Wahrheiten, die das Reich Gottes zur Wirkung bringen, vor Missbrauch zu schützen. Es hindert gottlose Menschen daran, sie an sich zu reißen und zu ihrem Vorteil zu nutzen. Diese Wahrheiten bleiben so den Kindern Gottes vorbehalten.

Grundlegend

Jesus hat nicht deshalb in Gleichnissen gesprochen, um Wahrheiten *vor* den Kindern Gottes verschlossen zu halten, sondern um sie sicher *für* sie zu bewahren. Sie sollen uns einen Vorteil verschaffen und Wissen darüber vermitteln, wie sein Reich funktioniert. All diese Weisheit darüber, wie diese Welt nach Gottes Willen funktionieren soll, muss durch den Heiligen Geist vermittelt werden. Wenn er diese Wahrheiten nicht lebendig macht für uns und uns nicht hilft, sie zu verstehen, können wir die Dinge Gottes nicht begreifen (Joh 6,63). Das war es, was der Herr seinen Jüngern vermitteln wollte.

Und er spricht zu ihnen: Wenn ihr dieses Gleichnis nicht versteht, wie wollt ihr dann alle Gleichnisse verstehen? — Markus 4,13

Jesus offenbarte, dass dieses Gleichnis vom Sämann, der den Samen aussät, so elementar und grundlegend ist, dass wir, wenn wir es nicht verstehen, nicht in der Lage sein werden, irgendeines seiner anderen Gleichnisse zu verstehen. Mit anderen Worten: Dieses Gleichnis ist Grundlage für die gesamte Lehre Jesu. Wenn wir uns die in diesem Gleichnis enthaltenen Wahrheiten nicht vom Heiligen Geist erschließen und lebendig machen lassen, werden wir nicht in der Lage sein, irgendeine der Lehren Christi zu verstehen. Das ist eine enorm wichtige Feststellung!

Es ist wie der Schlüssel, der sämtliche anderen Gleichnisse Jesu aufschließt, was wiederum bedeutet, dass wir dieses Gleichnis unbedingt verstehen müssen. Es ist so elementar. Es ist derart grundlegend. Lass uns also mit der Auslegung beginnen.

Der Sämann sät das Wort. — Markus 4,14

Wie schon gesagt, der Herr will uns nicht beibringen, wie man Bauer wird. Er benutzt diese Darstellung, wie ein Same in der natürlichen Welt funktioniert, um uns zu vermitteln, wie das Wort Gottes in der geistlichen Welt funktioniert.

Ein Hinterwäldler aus Texas!

Wenn zur Zeit Jesu ein Sämann hinausging, um Samen zu säen, hatte er keinen Traktor. Man benutzte kein Gerät, um die Saat in Reihen und Abständen auszubringen, wie es heute üblich ist. So wie die Menschen damals säten, griffen sie mit den Händen in einen Beutel mit Saatgut und warfen dann eine Handvoll Samen aus. Sie liefen einfach übers Feld und warfen den Samen überall hin. Die Saat fiel nicht nur auf gut vorbereiteten Boden, sondern auch auf steinige Flächen und an Stellen, die bereits mit Dornen und anderem Gestrüpp überwuchert waren.

Gleicherweise hat Gott sein Wort genommen und es für alle verfügbar gemacht. Er hat uns sein Wort gegeben und uns den Zugang dazu gewährt. Gott hat sein Wort auf jede erdenkliche Art von Boden – oder Herz – geworfen. Und obwohl Jesus vier verschiedene Bodenarten erwähnt, ist darunter nur eine, die Frucht hervorbringt.

Jede Person, die dieses Buch liest, hat Zugang zu Gottes Wort. Gerade jetzt liest du einige Wahrheiten aus dem Wort Gottes, die dein Leben verändern könnten. Diese Wahrheiten sind zugänglich für dich, aber laut diesem Gleichnis wird nur ein kleiner Prozentsatz der Menschen, die Zugang zum Wort Gottes haben, ihr Leben wirklich soweit verändern, dass es Frucht trägt. Nicht etwa deshalb, weil Gott keinen Samen gesät hätte, sondern aufgrund der jeweiligen Beschaffenheit des menschlichen Herzens.

Nur eine der vier verschiedenen Bodenarten brachte wirklich Frucht hervor und erzeugte das, was der Same zu erzeugen imstande war.

Als der Herr mir diese Wahrheiten aus dem Gleichnis vom Sämann, der den Samen sät, zum ersten Mal zeigte, war ich gerade mal ein achtzehnjähriger Junge. Ich hatte mich ganz frisch dem Herrn zugewandt. Ich war begeistert, weil ich wusste, dass Gott mich zum Dienst berufen hatte. Er gab mir die Vision, Millionen und Abermillionen von Menschen mit der Wahrheit seines Wortes zu erreichen. Aber ich fragte mich: *Wie könnte ich das jemals schaffen? Ich bin doch nur ein Hinterwäldler aus Texas!* Wäre ich Gott, hätte ich mich nicht ausgewählt.

Der Same

In meinem Fernsehteam gibt es einen Mann, der eine erstklassige Radiostimme hat. Dennoch stehe ich diesseits der Kamera und er steht hinter ihr. Ich hätte meine Stimme nicht dazu ausgewählt, das Wort Gottes über Funk und Fernsehen zu verbreiten. Was hat sich Gott dabei gedacht?

Als junger Mann dachte ich über diesen Ruf und diese Vision nach und fragte mich: *Warum hat Gott mich berufen?* Doch während ich dann über diese Bibelstelle nachsann, sprach der Herr durch dieses Gleichnis zu mir und eröffnete mir einige Wahrheiten, die mein Leben völlig veränderten. Er zeigte mir, dass es der Same ist, der den Boden zur Fruchtbildung bringt. Der Same trägt die übernatürliche Kraft Gottes in sich, die den Boden fruchtbar macht.

Ich sah mich selbst an und dachte: *O Gott, ich bin so ungeschliffen. Ich bin kein guter Redner. Und mit meiner Bildung ist es auch nicht weit her.* Da war ich nun, ein total introvertierter Mensch, der einem anderen Menschen nicht einmal ins Gesicht blicken konnte. Ich konzentrierte mich auf all meine Schwächen, Unzulänglichkeiten und Fehler. Aber eine der Wahrheiten, die mich dieses Gleichnis lehrte, war die, dass der Same für die Frucht verantwortlich ist. Der Same!

Nicht der Boden, der mehr von allem besaß, brachte das Beste hervor. Vielmehr brachte der Boden, der von allem weniger hatte, das Beste hervor, denn es gab in ihm weniger Steine und weniger Dornen. Gott begann mir zu zeigen, dass ich mich selbst zu einem guten Boden machen konnte, indem ich einfach die Dinge ausriss, die in mir hatten Wurzeln schlagen dürfen und die seinen Samen behinderten. Ich erkannte, dass ich genauso fähig war, Frucht zu bringen wie jeder andere auch, weil es nicht an mir liegt, sondern am Wort. Nicht ich, sondern das Wort verändert das Leben der Menschen. Das war eine echte Offenbarung für mich!

Diese Wahrheit ließ mich aufhorchen! Sie gab mir Hoffnung. Ich betete: »Herr, wenn dein Wort die Frucht produziert, dann kann ich dein Wort studieren, es lernen und es genauso wie jeder andere verkünden. Wenn es also nicht an schicken Klamotten, einer wohlklingenden Stimme oder einem markanten Auftreten liegt, dass Menschen verändert werden, sondern an deinem Wort, dann – Gott sei gelobt! Dein Wort kann in mir genauso leben wie in jedem anderen auch.« Das gab mir Hoffnung. Dies ist eine mächtige Offenbarung!

Es hat mich wirklich ermutigt. Es ist der Same, oder Gottes Wort, der das Potential in sich trägt. Doch bevor der Same sein Potential entfalten kann, muss er zuerst in ein Herz gesät werden.

Es bringt dich weiter

Wie schon erwähnt, haben Wissenschaftler Samen entdeckt, die Tausende Jahre alt sind. Als sie die Samen in Erde setzten, begannen die Samenkörner zu keimen und Pflanzen hervorzubringen. Ist das nicht absolut fantastisch? Jedes dieser winzigen Samenkörner trug dieses Potential seit Tausenden von Jahren in sich, gab es aber erst frei, als es in die Erde gelegt wurde.

So ist es auch mit dem Wort Gottes. Sein Wort ist mächtig. Es ist erstaunlich, was das Wort Gottes alles bewirken kann. Aber es wird seine Wirkkraft erst dann entfalten, wenn es in dein Inneres gedrungen ist. Eine Bibel auf dem Couchtisch liegen zu haben, wird den Teufel nicht aufhalten. Es hilft auch nicht, sich eine unter den Arm zu klemmen. Du kannst dir eine Bibel auf den Kopf legen, bis er ganz platt ist, aber das wird nicht dazu führen, dass der Segen Gottes seinen Weg zu dir findet. Du musst das Wort Gottes nehmen und es verschlingen. Das Wort muss buchstäblich zu einem Teil von dir werden.

Diese Wahrheiten haben mein Leben verändert. Das haben sie wirklich. Es ist Gottes Wort, das dich weiterbringt. Es ist Gottes Wort, das dir Türen öffnet. Als der Herr mir diese Wahrheit zeigte, nahm ich sie mir im wahrsten Sinne des Wortes zu Herzen. Dieses Gleichnis habe ich seitdem von ganzem Herzen geglaubt, und ich habe erkannt, dass es Gottes Wort ist, das das Leben der Menschen verändert – ich bin es nicht.

Vielleicht möchtest du gerne deine Fähigkeiten verbessern. Du studierst deshalb Marketing und Betriebswirtschaft. Du belegst Kurse, in denen du lernst, wie du dich am besten präsentierst. Du erlernst all diese Techniken und gibst Geld aus, um dich aufzupolieren. Du trägst die elegantesten Anzüge. Du lässt dir den perfekten Haarschnitt verpassen. Du tust alles Mögliche, was an der einen oder anderen Stelle gut und hilfreich sein mag. Verstehst du aber auch, dass es das Wort Gottes, die Wahrheit und die Offenbarung seines Wortes sind, die wirklich das Potenzial in deinem Leben freisetzen werden? Und das gilt nicht nur für Prediger. Das gilt für jeden.

Viele meiner Freunde sind in der Geschäftswelt etabliert. Und doch sind es die Wahrheiten des Wortes Gottes, die sie buchstäblich befreit und befähigt haben, erfolgreich zu sein. Und das ist für jeden verfügbar. Das Wort Gottes wird auch einer nicht berufstätigen Frau helfen, eine bessere Hausfrau und Mutter zu sein. Ich weiß offen gesagt nicht, wie man überhaupt auf die Idee kommen kann, man könne ohne die Offenbarung und Wahrheit aus Gottes Wort ein guter Vater oder eine gute Mutter sein. Ich meine, Elternsein ist beängstigend! Es ist schon *mit* dem Wort Gottes schwer genug, ein Elternteil zu sein. Aber ohne sein Wort wäre es ganz furchtbar! Kinder zu erziehen ist schwieriger, als Tote auferstehen zu lassen. Ich musste beides tun, und es bedarf schon eines Wunders, um Kinder zum Aufstehen zu bewegen. Ohne die Offenbarung von Gottes Wort geht nichts!

Ganz gleich, wer du bist oder was du tust, das Wort Gottes wird dich in jedem Bereich deines Lebens weiterbringen.

KAPITEL 16

Bleib in der Spur!

Im Gleichnis vom Sämann, der den Samen aussät, werden vier Arten von Menschen – oder Böden – genannt, die das Wort Gottes empfangen haben. Über die erste Art Mensch sagt das Wort:

> *Die am Weg aber sind die, bei denen das Wort gesät wird, und wenn sie es gehört haben, kommt sogleich der Satan und nimmt das Wort weg, das in ihre Herzen gesät worden ist.*
> *— Markus 4,15*

Dasselbe Gleichnis findet sich auch im Matthäus-Evangelium, jedoch etwas anders formuliert.

> *So hört nun ihr das Gleichnis vom Sämann: Sooft jemand das Wort vom Reich hört und nicht versteht, kommt der Böse und raubt das, was in sein Herz gesät ist. Das ist der, bei dem es an den Weg gestreut war. — Matthäus 13,18–19*

Dieser Same vermochte nicht die Oberfläche zu durchdringen und tief ins Innere zu gelangen. Es geht hier um eine Person, die das Wort gehört, es aber nicht *verstanden* hat. Es drang nie bis in ihr Inneres vor, um dort zu wurzeln. Erkennst du, was hier der Schlüssel ist? Der Schlüssel ist das Verstehen. Die einzige Sorte Mensch, zu der Satan direkten, uneingeschränkten Zugang hat, um das Wort zu stehlen, ist diejenige, die es nicht verstanden hat. Gottes Wort zu verstehen ist entscheidend. Es ist extrem wichtig.

Voller Zugang

Verstehen ist der erste Schritt, um das Wort Gottes in dein Herz aufzunehmen. Du musst das Wort lesen, darüber beten und meditieren, bis du verstehst, was es aussagt.

Genau aus diesem Grund haben wir Kindergottesdienste und Jugendgruppen. Die Wahrheiten, die ich in unseren Zusammenkünften lehre, haben das Potential, Menschen zu befreien. Ich erlebe, wie blinde Augen geöffnet und taube Ohren geheilt werden. Menschen werden emotional und geistlich von allen möglichen Bindungen und Abhängigkeiten befreit. Ich weiß, dass das Wort, das ich spreche, wirksam ist und Leben verändert. Bei unseren Konferenzen und Kongressen versuchen wir deshalb nach Möglichkeit auch immer einen Jugend- und Kindergottesdienst anzubieten. So können junge Menschen das Wort Gottes auf eine Weise hören, die für sie verständlich ist. Denn wenn sie es nicht verstehen, kann Satan es ihnen stehlen.

Man muss das Wort Gottes so vermitteln, dass die Menschen es verstehen können. Das ist mit ein Grund, warum ich mich bemühe, das Wort Gottes so einfach wie möglich zu halten. Manche Leute sagen, ich sei so simpel, und gelegentlich frage ich mich, ob das wirklich immer als Kompliment gemeint ist. Aber im Großen und Ganzen halte ich es für eine sehr gute Sache, das Wort Gottes leicht verständlich zu machen. Je klüger ein Mensch ist, desto eher sollte er in der Lage sein, Gottes Wort einfach, leicht verständlich und unkompliziert darzulegen. Jesus war unkompliziert. Deshalb lehrte er mithilfe von Gleichnissen oder Wortbildern, um die vermittelten Wahrheiten für die Menschen nachvollziehbar zu machen.

Gleich die erste Sorte Mensch hörte das Wort, verstand es aber nicht. Wenn du nicht verstehst, was das Wort aussagt, hat Satan vollen Zugang und kann dir diese Wahrheiten stehlen. Und das bringt dich in eine schreckliche Lage!

Erwirb dir Verstand

Der Weisheit Anfang ist: Erwirb dir Weisheit! Und mit allem, was du erworben hast, erwirb dir Verstand! — Sprüche 4,7 ELB

Man muss Wahrheiten nicht nur vermittelt bekommen, sondern auch in der Lage sein, sie zu verstehen und anzuwenden. Verstehen ist die Fähigkeit, gedanklich zu trennen. Es ist die Fähigkeit, Wahrheiten zu erfassen, richtig einzuordnen und alles miteinander zu verknüpfen, bis man schließlich sagen kann: »Ach, so funktioniert das.«

Falls du Automechaniker bist, weißt du, was man unter Hubkolben und Kurbelwelle versteht und wofür sie da sind. Wenn du kein Mechaniker bist, hast du diese Begriffe vielleicht schon einmal gehört, doch weißt vermutlich nicht, wie Kolben und Kurbelwelle zusammenwirken, um den Motor zum Laufen zu bringen. Du könntest über Wissen verfügen und dennoch absolut unfähig sein, ein Problem zu lösen, weil du nicht verstehst, wie die Dinge zusammenhängen.

Genauso verhält es sich mit dem Wort Gottes. Viele Menschen kennen zwar Bibelstellen und können sie zitieren, aber ihnen fehlt das Verständnis darüber, wie ein bestimmter Vers auf ihren Alltag anwendbar ist oder inwiefern er andere Wahrheiten des Wortes

Gottes miteinander verknüpft. Damit das Wort Gottes in das Innere eines Menschen vordringen und dort seine Wirkung entfalten kann, muss es verstanden werden.

Und dieses Verstehen ist etwas, das von Gott kommt. Man kann dafür beten. Man kann danach streben. Es kommt als Folge davon, dass man Gott darum bittet und es sich wünscht. Oder anders gesagt: Du kannst dein Herz für richtiges Verstehen empfänglich machen, du kannst dich aber auch dafür entscheiden, dein Herz zu verhärten.

Ein verhärtetes Herz

Tatsächlich erklärte Jesus, dass mangelndes Verstehen eines der Zeichen für ein verhärtetes Herz ist.

> *Und als es Jesus merkte, sprach er zu ihnen: Was macht ihr euch Gedanken darüber, dass ihr kein Brot habt? Versteht ihr noch nicht und begreift ihr noch nicht? Habt ihr noch euer verhärtetes Herz? — Markus 8,17*

Ein verhärtetes Herz hindert dich am Verstehen und umgekehrt verhindert Verstehen, dass sich dein Herz verhärtet. Du musst Gott erlauben, dein Herz weich zu machen, damit du die Wahrheiten seines Wortes zu verstehen beginnst. Die erste Bodenart steht also für eine Person, die nicht versteht, was das Wort aussagt, was wiederum den Teufel in die Lage versetzt, das Wort von ihr zu stehlen.

Markus 4,16–17 beschreibt die zweite Sorte Mensch – oder Boden – folgendermaßen:

Und gleicherweise, wo auf steinigen Boden gesät wurde, das sind die, welche das Wort, wenn sie es hören, sogleich mit Freuden aufnehmen; aber sie haben keine Wurzel in sich, sondern sind wetterwendisch. Später, wenn Bedrängnis oder Verfolgung entsteht um des Wortes willen, nehmen sie sogleich Anstoß.

Bedrängnis und Verfolgung kommen um des Wortes willen. Diese wichtige Information hat mich wirklich gesegnet und mir durch die Jahre hindurch geholfen.

Gerade erst begonnen

Wusstest du, dass Satan nicht deshalb gegen dich kämpft, weil er etwas gegen dich persönlich hat? Vielleicht fühlst du dich manchmal so. Du sagst vielleicht: »O Mann, der Teufel hat es echt auf mich abgesehen!« Doch das stimmt nicht. Satan ist viel zu sehr damit beschäftigt, seine eigenen Feuer zu löschen, als dass er sich mit dir auf einer persönlichen Ebene auseinandersetzen könnte. In Wahrheit greift er das Wort Gottes an.

Das heißt, wenn du allmählich eine Offenbarung über das Wort bekommst, ist der Kampf noch nicht vorbei; er hat gerade erst begonnen. Das schreckt dich jetzt vielleicht ab. Du magst denken: *Nun, wenn das so ist, dann will ich gar nicht erst damit anfangen, Gottes Wort in mein Herz aufzunehmen. Denn schließlich wird der Teufel mich um des Wortes willen bedrängen.* Ja, er wird gegen dich in den Kampf ziehen. Aber du wirst siegen. Du wirst siegreicher sein, als du es je gewesen bist. Doch es wird nicht ohne einen Kampf ablaufen.

Eine Menge Dinge sind mir widerfahren. Ich bräuchte viel Zeit, um dir zu erzählen, was in meinem Leben alles passiert ist und womit ich fertig werden musste. Manchmal ist es schon fast nicht mehr normal, auf welche Weise mir Widerstand begegnet. Es scheint, als passierten mir Dinge, die den meisten Menschen nicht widerfahren. Früher hätte ich das sehr persönlich genommen und gedacht: *Gott, warum lässt du zu, dass mir der Teufel derart im Nacken sitzt?* Aber ich habe erkannt, dass es in gewissem Sinne ein Kompliment ist. Satan stellt sich gegen das Wort Gottes, das in meinem Leben wirksam ist. Er versucht, mich zu entmutigen. Und wenn ich dessen gewahr werde, bin ich nicht entmutigt, sondern entschlossener denn je. Ich erkenne, dass ich etwas Wertvolles habe.

Du musst begreifen, dass Bedrängnisse und Verfolgungen um des Wortes willen kommen. Sie richten sich gegen das Wort Gottes, um es aus deinem Herzen zu stehlen (Mk 4,17). Wenn du auch nur einen Funken Verstand hast, sollte dir allein das schon sagen, dass Gott nicht der Urheber dieser Bedrängnisse und Verfolgungen ist. Wieso nicht? Weil er dich wohl kaum dazu bringen will, an seinem Wort zu zweifeln. Er versucht auch nicht, sein Wort von dir zu stehlen. Bedrängnisse und Verfolgungen kommen vom Teufel, um Gottes Wort in deinem Leben unwirksam zu machen.

Krankheit kann dazu führen, dass du dermaßen mit dir selbst beschäftigt bist, dass du aufhörst, das Wort Gottes an andere weiterzugeben und deinen Freunden davon zu erzählen. Bedrängnisse können bewirken, dass du mit der Zeit so in dich gekehrt und auf deine eigenen Probleme konzentrierst bist, dass du andere Menschen vergisst. Diese Dinge können das Wort Gottes von dir stehlen. Verfolgung könnte dich zu dem Gedanken führen: *Wenn ich jedes Mal so behandelt werde, sobald ich für Gott eintrete und sage, was richtig ist, bin ich mir nicht sicher, ob ich das wirklich weiter tun will.* Bedrängnis und Verfolgung zielen darauf ab, dass du aufhörst, das Wort Gottes weiterzugeben, dass du nicht länger dein Leben darauf gründest und nicht mehr aus dem schöpfst, was das Wort Gottes verspricht. Das zeigt dir, wer der Urheber ist. Satan ist derjenige, der Probleme in dein Leben bringt, nicht Gott!

Du frommer Spinner!

Der Zweck der Verfolgung besteht darin, Gottes Wort am weiteren Wirken in deinem Leben zu hindern. Selbst wenn du also immer noch das Richtige glaubst, dich aber scheust, deine Überzeugungen zu vertreten, hat der Teufel sein Ziel erreicht. Du hältst dann vielleicht immer noch an derselben Lehre fest. Doch wenn du aufhörst, das Wort Gottes zu sprechen und anderen Menschen davon zu erzählen, weil es Verfolgung nach sich ziehen könnte, hat Satan sein Vorhaben erfolgreich ausgeführt.

Wenn ein Kollege oder eine Kollegin an deinem Arbeitsplatz krank ist und du dich hinstellst und sagst: »Ich glaube, dass Gott heilt«, und wenn sich daraufhin alle gegen dich wenden und sagen: »Du frommer Spinner!«, ist das Verfolgung. Und wenn so etwas dazu führt, dass du nicht länger aussprichst, was das Wort Gottes zu sagen hat, dann hat Satan gewonnen. Unabhängig davon, ob dein Glaube, dass Gott der Heiler ist, sich jemals ändert oder nicht, ist der Plan des Teufels aufgegangen, sobald du von deiner Haltung abrückst und aufhörst, anderen die Wahrheit mitzuteilen, weil du Angst vor Verfolgung hast. Der Zweck der Verfolgung ist es, die Weitergabe von Gottes Wort zu unterbinden. Wenn du dadurch abgehalten wirst, Gottes Wort zu sprechen und danach zu handeln, hat die Verfolgung gewirkt.

Ich war zu der Zeit, als ich den Herrn zum ersten Mal richtig erlebte, in einer absolut toten Kirchengemeinde. Als ich also in Gott zum Leben erwachte und anfing, nach dem Wort Gottes zu handeln, erfuhr ich eine Menge Widerstand und Kritik. Alle sagten mir, wie falsch ich doch läge, und das fühlte sich nicht gut an. Das kränkte mich. Ich war verletzt. Diese Leute waren zuvor meine Freunde gewesen. Doch jetzt, weil ich von Gott und seinem Wort begeistert war, wandten sie sich gegen mich. Ich spreche hier von Leuten aus der Gemeinde und nicht von weltlichen Freunden. Ich wurde in der Gemeinde kritisiert!

Während dieser Zeit ging ich zu einer Veranstaltung mit Joe Nay. Er ist der Mann, der mich in den Dienst eingeführt hat. Ich ging frustriert und enttäuscht über das, was die Leute über mich gesagt hatten, dorthin. Ich hatte mich verteidigt und Argumente vorgebracht, doch ich zog bei diesen Auseinandersetzungen immer den Kürzeren. An diesem Abend nun rief Joe mich aus den Anwesenden heraus und gab mir eine Prophetie. Er sagte: »Ich sehe dich wie einen Läufer auf einer Bahn. Du läufst und führst das Feld an. Du machst das großartig, aber die Zuschauer auf der Tribüne schreien dich an. Sie behaupten, du machest alles falsch. Ich sehe, wie du die Strecke verlässt, auf die Tribüne kletterst und mit der Menge diskutierst. Selbst wenn du die Auseinandersetzung gewinnen solltest, wirst du das Rennen verlieren. Vergiss, was die Leute sagen, und bleib in der Spur. Bleib im Rennen!«

Tritt für das Wort ein

Freund, auch du musst in der Spur bleiben. Gott hat dich nicht dazu berufen, auf die Zuschauertribüne zu klettern. Jemand, der dich anschreit und kritisiert, kann dich nicht vom Gewinnen abhalten, solange du nicht von der Strecke abkommst. Und genau darauf zielt Verfolgung ab: Sie soll dich aus der Bahn werfen. Sie soll dich dazu bringen, dass du deine Wunden leckst und versuchst, dich zu rechtfertigen. Sie soll dich zu dem Gedanken verleiten: *Gott, sieh nur, was die über mich gesagt haben.* Was die Leute über dich sagen, ist nicht wichtig. Die Botschaft ist das einzig Wichtige. Das, was er dir zu sagen gegeben hat. Es geht um das Wort Gottes!

Du musst die Situation richtig erfassen. Wenn deine Kollegen bei der Arbeit dich kritisieren oder sich über dich lustig machen, muss dir bewusst werden, dass sie erst damit angefangen haben, als du für das Wort Gottes eingetreten bist. Nicht du wirst verfolgt; diese Leute wenden sich gegen das Wort Gottes. Satan inspiriert und benutzt diese Menschen (Eph 6,10–13). Das Ziel ist es, dich zum Schweigen zu bringen, damit du aufhörst, nach dem Wort Gottes zu handeln und es auszusprechen. Genau das ist es, was da passiert.

Der Herr zeigt uns diese Wahrheit durch das Gleichnis vom Sämann, der den Samen aussät. Dies ist eine der Methoden, wie der Teufel das Wort Gottes von dir stiehlt. Wenn du irgendwann an den Punkt kommst, dass du verletzt bist und deine Wunden leckst, dich zu rechtfertigen beginnst und Abstand vom Wort Gottes nimmst, dann – so zeigt es dieses Gleichnis – wirst du keine Frucht mehr bringen. Das Wort wird aufhören, Früchte zu tragen und sein Leben in dir zu entfalten. Das ist nicht das, was du willst. Du willst bessere Ergebnisse als dieses. Und sobald du erkennst, dass Satan dir auf diese Weise Gottes Wort stehlen will, wird das einen riesengroßen Unterschied in deinem Leben machen.

KAPITEL 17

Halte am Wort fest

Im Gleichnis vom Sämann, der den Samen sät, steht der steinige Boden für die zweite Sorte Mensch, die das Wort hörte. Es gab dort etwas Erde, in der das Samenkorn keimen und Wurzeln schlagen konnte, aber letztendlich brachte auch diese Person keine Frucht hervor. Satan schaffte es, dies zu verhindern.

> *Und gleicherweise, wo auf steinigen Boden gesät wurde, das sind die, welche das Wort, wenn sie es hören, sogleich mit Freuden aufnehmen; aber sie haben keine Wurzel in sich, sondern sind wetterwendisch. Später, wenn Bedrängnis oder Verfolgung entsteht um des Wortes willen, nehmen sie sogleich Anstoß. — Markus 4,16–17*

Dieser Typ Mensch begeistert sich für das Wort Gottes, nimmt sich aber nicht die Zeit, das Wort im Inneren einzuwurzeln. Da sie keine Wurzeln in sich tragen, kann das Wort Gottes nicht wirken.

Es ist traurig zu sagen, aber ich glaube, dass die meisten Menschen, die behaupten, sich für das Wort Gottes zu begeistern, zu dieser Kategorie gehören. In Wahrheit ist das Wort bei ihnen nur eine oberflächliche Angelegenheit. Sie haben ihr Leben nicht wirklich darauf ausgerichtet. Gottes Wort ist nichts, was für ihr Leben grundlegend ist. Sie sind begeistert von seinem Wort, bis es sie etwas zu kosten beginnt.

Ich wurde im Alter von acht Jahren wiedergeboren. Dann, im Alter von achtzehn Jahren, hatte ich eine wunderbare Begegnung mit dem Herrn, bei der ich erkannte, dass er mich liebt. Kurz danach begann Gott, mir die Bedeutsamkeit seines Wortes zu zeigen. Während ich als Soldat der US-Armee in Vietnam diente, begann ich, mir ein Fundament zu schaffen, gebaut mit dem Wort Gottes. Bevor ich nach Vietnam ging, war ich in einer Baptistengemeinde gewesen. Nach meiner Rückkehr aus dem Dienst für mein Land besuchte ich immer noch eine Baptistengemeinde, aber meine Theologie war darüber hinausgewachsen. Ich lehrte Wahrheiten, die ich im Wort Gottes sah, Wahrheiten wie: Es ist Gottes Wille, dass es dir gut geht, es ist Gottes Wille, dass du geheilt bist, Gott liebt dich, Gott bringt keine Probleme in dein Leben, Gott bestraft dich nicht und dergleichen mehr. Das wurde von den Baptisten nicht akzeptiert, sodass ich bald einiges an Kritik einstecken musste.

Das war anfangs sehr merkwürdig. Mir war nicht klar, was da passierte. Bevor ich zur Armee gegangen war und solange meine Theologie mit ihrer übereingestimmt hatte, war ich von diesen Leuten geliebt worden. Sie hatten für mich sogar eine Abschiedsparty mit allem Drum und Dran veranstaltet. Aber nach vierzehn Monaten, in denen ich Tag und Nacht meine Nase ins Wort Gottes gesteckt hatte, hatte sich meine Theologie ziemlich verändert. Ich glaubte an übernatürliche Dinge. Und nach meiner Rückkehr fing ich an, davon zu erzählen. Die Leute, die meine Freunde gewesen waren und mich mit einer Feier verabschiedet hatten, begannen nun, mich abzulehnen. Ich bekam jede Menge Kritik zu hören. Zuerst begriff ich nicht, was da vor sich ging, und das ließ mich ein wenig zurückschrecken.

Das Muster

Während dieser Zeit lebte ich in Arlington, Texas, und besuchte eine Baptistengemeinde, die etwa 65 Kilometer entfernt war. In der anderen Richtung lag Fort Worth, Texas, wo Kenneth Copeland diente. Das war ungefähr im Jahr 1972 und Kenneth fing mit seinem Dienst gerade erst an. Er war noch nicht sehr bekannt, aber ich kann dir sagen, mich hat er total begeistert! Kenneth war ein wahrer Segen für mich. Ich ging also zu seinen Versammlungen und war ganz Feuer und Flamme. Dann kehrte ich zurück in diese Baptistengemeinde und lehrte die gehörten Wahrheiten in meiner Sonntagsschulklasse.

Eine Woche lang oder auch zwei geschahen daraufhin Wunder. Wir erlebten, wie Menschen geheilt wurden. Es gab großartige Erfolge und es geschahen wunderbare Dinge, aber dann erfuhr die Gemeindeleitung davon. Die Leiter kamen zu mir und kritisierten mich und sagten: »Du lehrst nicht aus dem Vierteljahresprogramm. Du bringst falsche Lehren ein.« Sie griffen mich heftig an. Ich reagierte darauf zwar nie so, dass ich sagte: »Schon gut, ich bin im Unrecht; ich verwerfe diese Dinge«, und ich glaubte auch immer noch an das Wort, aber ich fühlte mich zunehmend gekränkt.

> *Aber sie haben keine Wurzel in sich, sondern sind wetterwendisch. Später, wenn Bedrängnis oder Verfolgung entsteht um des Wortes willen, nehmen sie sogleich Anstoß.*
> *— Markus 4,17*

Genau das geschah mit mir. Ich lehnte nicht ab, was ich für wahr hielt, aber ich verlor meinen Enthusiasmus, meine Kühnheit und meine Zuversicht diesbezüglich. Nach etwa zwei Wochen der Kritik fing ich wieder an, dieselben Wahrheiten zu predigen, aber wir erlebten keine weiteren Wunder. Wir erzielten keine Resultate. Etwas hatte sich verändert. Das Leben und die Salbung Gottes fehlten. Ich konnte mir das nicht erklären!

Dann besuchte ich zwei oder drei Tage lang eine weitere Veranstaltung von Kenneth Copeland in Fort Worth. Danach war ich wieder so motiviert und begeistert, dass ich erneut diese Wahrheiten in der Baptistengemeinde predigte. Es war wieder wie beim ersten Mal – es geschahen Wunder und Menschen wurden befreit. Doch es hagelte neue Kritik und ich fühlte mich erneut vor den Kopf gestoßen. Also zog ich mich in meinem Herzen von diesen Wahrheiten zurück. Ich sagte zwar noch die gleichen Dinge, erzielte jedoch andere Ergebnisse. Und so ging es dann ein oder zwei Monate lang weiter, bis Kenneth Copeland das nächste Treffen abhielt. Irgendwann begann mein blitzschneller Verstand, ein Muster zu erkennen.

Gott hat es gesagt

Ich fragte mich: *Was ist los?* Der Herr sprach genau durch diesen Bibelabschnitt zu mir. Er sagte: »Das Problem ist, dass du vom Wort begeistert bist, aber keine Wurzeln in dir hast. Es ist nicht deine Offenbarung. Es ist nicht das, was ich zu dir rede. Du plapperst nach, was Kenneth Copeland von mir empfängt. Das ist der Grund, warum das Wort nicht wirkt. Du hast einfach keine Wurzeln. Das bist nicht du.«

Ich bin sehr dankbar für den Einfluss, den Kenneth auf mein Leben und meinen Dienst hatte. Er war sehr hilfreich dabei, mich auf den Weg zu bringen. Als Gott jedoch durch Markus 4,17 zu mir sprach, traf ich in jenem Moment eine Entscheidung. Ich sagte: »Von nun an werde ich nicht sagen: ›Kenneth Copeland hat gesagt‹, ›Kenneth Hagin hat gesagt‹ oder ›Billy Graham hat gesagt‹. Es wird heißen: ›Gott hat mir gesagt‹. Es wird eine persönliche Offenbarung sein.« Ich hatte eine Entscheidung getroffen, und damit begann sich mein Leben drastisch zu verändern.

Das ist der Grund, warum ich mich nur selten auf andere Personen beziehe. Es ist nicht so, dass andere Menschen keinen Einfluss auf mein Leben gehabt hätten. Wenn ich jedoch etwas von jemandem höre, dann nehme ich es und meditiere anhand von Gottes Wort darüber, bis es nicht mehr die Rede eines anderen ist. Dann heißt es: »Dies ist, was Gott mir gesagt hat.«

Genau so muss das Wort Gottes in deinem Leben sein, damit es Frucht trägt.

Jeder Beliebige

In den Anfängen unseres Dienstes gab es eine Frau, die großen Einfluss auf mein Leben hatte. Sie war wie meine geistliche Mutter. Jamie war so etwas wie ihre beste Freundin. Wir haben viel Zeit miteinander verbracht. Diese Frau hat wirklich in mein Leben hineingesprochen. Doch je mehr ich mich mit dem Wort Gottes vertraut machte, desto deutlicher unterschied sich das, was ich glaubte, von dem, was sie glaubte. Diese Frau ließ hier und da kleine Andeutungen fallen. Man kann das schwerlich als Verfolgung bezeichnen, denn es steckte keine böswillige Absicht dahinter. Sie versuchte nicht, uns zu schaden. Sie liebte uns wirklich und dachte, sie täte etwas Gutes. Dennoch kamen ihre kleinen Sticheleien und ihre ständige Kritik an allem, was ich sagte, einer Verfolgung gleich. Es war eine gewisse Bedrängnis im Spiel. Sie wollte mich dazu bringen, Abstand von bestimmten Wahrheiten des Wortes zu nehmen. Jamie und ich waren uns dessen bewusst, aber wir hatten uns nie dagegen aufgelehnt, weil wir sie respektierten. Sie war uns wie ein geistliches Elternteil.

Dann, eines Samstagabends, als Jamie und ich das Wort Gottes studierten, zeigte der Herr mir genau diese Bibelstelle in Markus 4,16–17. Durch diese Verse sagte er mir: »Dein Problem ist, dass das Wort nicht in dir verwurzelt ist. Du machst dir die Offenbarung einer anderen Person zu eigen. Es ist keine vollständige Offenbarung für dich persönlich.« Als ich das erkannte, fassten Jamie und ich uns bei den Händen und wir erklärten im Gebet: »Von nun an werden wir Gottes Wort zu etwas Persönlichem für uns machen und es wird keine Rolle spielen, wer was sagt. Wenn Gott uns etwas gesagt hat und wir uns dessen sicher sind, werden wir nicht zulassen, dass jemand – *irgendjemand* – uns das wieder wegnimmt.«

Am Morgen darauf gingen wir in den Gottesdienst. Nachmittags bat diese Frau, die wie eine geistliche Mutter war, Jamie in ein Hinterzimmer, um mit ihr zu sprechen. Sie warnte: »Jamie, du bist die Einzige, die bei Andrew noch etwas ausrichten kann. Er steckt da mittlerweile so tief drin, dass nur noch du ihn aufhalten kannst. Du musst ihn dazu bringen, Abstand zu nehmen von diesen Dingen, die Gott ihm angeblich zeigt. Das ist nicht Gott.«

Meine Frau und ich hatten erst am Abend zuvor unsere Entscheidung getroffen, also sah Jamie ihr direkt in die Augen und antwortete: »Weißt du was? Das ist mein Mann. Ich halte zu ihm. Ich glaube, dass Gott zu uns spricht, und was dich angeht, ist unsere Beziehung ab sofort beendet.«

Nun war das vielleicht nicht die beste Art, mit der Situation umzugehen. Doch zu jenem Zeitpunkt waren wir aufgrund unserer Unreife nicht in der Lage, uns in Ruhe hinzusetzen und eine Debatte darüber zu führen. An diesem Punkt damals sahen wir wirklich keinen anderen Weg, die Sache zu regeln. Jamie kam und erzählte mir, was passiert war. Also ging ich hin und redete mit dieser Frau und ihrem Mann, und im Grunde verließen wir direkt danach diese Gemeinde.

Wir brachen die Verbindung komplett ab und es dauerte mehr als zehn Jahre, bis wir wieder Kontakt zu diesen Leuten hatten. Gott hat die Beziehung wiederhergestellt. Das Ganze ist eine starke Geschichte. Wir sind wieder enge Freunde geworden und ich diene dieser Frau sehr oft. Wir haben jetzt eine wunderbare Beziehung, weil sie von Gott wiederhergestellt wurde. Aber eine Zeit lang mussten wir im wahrsten Sinne des Wortes unserem Entschluss folgen, nichts und niemanden zwischen uns und das Wort kommen zu lassen. Wenn sich jemand gegen das Wort stellte, dann würden wir am Wort festhalten.

Extreme Maßnahmen

Du denkst jetzt vielleicht: *Mensch, Andrew, das ist mir echt zu heftig. Ich wäre nicht bereit, so weit zu gehen. Ich glaube nicht, dass das richtig ist.* Noch einmal, wenn ich damals reifer gewesen wäre, hätte ich vielleicht anders mit der Situation umgehen können, aber ich war es nun einmal nicht. Ich glaube nicht, dass ich damals anders damit hätte umgehen können.

Wenn eine kleine Pflanze sehr jung und zart ist, muss sie in einen Anzuchtkasten oder in ein Gewächshaus gesetzt werden. Es müssen kontrollierte Bedingungen herrschen, denn die Pflanze ist sehr empfindlich gegenüber den Elementen. Sie kann weder einem Schneesturm trotzen noch einem Orkan standhalten. Sie muss geschützt im Gewächshausklima untergebracht werden.

Wenn die Pflanze erst einmal eingewurzelt ist und die Wurzeln tief reichen, sieht die Sache schon anders aus. So war es auch bei mir. Als die Wurzeln des Wortes erst einmal tief in mich hineingewachsen waren, hätte jemand diese Dinge zu mir sagen können und ich hätte mich einfach davon abwenden können, ohne mich völlig von der Person trennen zu müssen. Alles geht auf ein tiefreichendes Wurzelsystem zurück. Ich kann jetzt Dinge aushalten, die ich damals nicht aushalten konnte. Bedeutet das, wir haben alles verkehrt gemacht? Ich wusste mir nicht anders zu helfen. Ich denke nicht, dass ich damals in der Lage gewesen wäre, es besser zu machen.

Ich will damit nur sagen, dass dieses Maß an Hingabe notwendig ist. Wenn du also reifer bist als ich damals und es anders handhaben kannst, umso besser. Aber du musst den gleichen Grad an Verbindlichkeit gegenüber dem Wort Gottes haben. Du musst bereit sein zu erklären: »Gottes Wort wird in meinem Leben an erster Stelle stehen, egal, wer oder was sich mir in den Weg stellt. Es ist mir egal, ob es mein bester Freund, der Pastor oder die Gemeinde ist, in der ich aufgewachsen bin. Es ist mir völlig gleich, ob mein Name auf einem Kirchenbank-Schildchen steht oder auf einem der Pflastersteine vor der Kirche eingraviert ist. Es spielt keine Rolle. Wenn mir jemand Gottes Wort stehlen will, werde ich Stellung beziehen und alles tun, was nötig ist, um das Wort in meinem Inneren zu bewahren.«

Du denkst vielleicht, ich überbetone das Ganze und mache mehr daraus, als es ist. Aber ich glaube wirklich, dass in jedem einzelnen Menschen ein geistlicher Kampf tobt. In diesem Kampf geht es nicht darum, wie attraktiv man ist, wie viel Charisma man hat, welche Fähigkeiten oder Talente man besitzt. Diese Dinge sind absolut nebensächlich. Der Kampf tobt um das Wort, und Satan will dich dazu bringen, davon abzurücken. Er will erreichen, dass du Kompromisse eingehst oder Gottes Wort vernachlässigst. Genau darum geht es in Wirklichkeit.

Realität

Bewahre das Wort Gottes an erster Stelle in deinem Leben und als Mittelpunkt in deinem Herzen. Beschäftige dich Tag und Nacht damit!

Über dieses Buch der Weisung sollst du immer reden und Tag und Nacht darüber nachsinnen, damit du darauf achtest, genauso zu handeln, wie darin geschrieben steht. Dann wirst du auf deinem Weg Glück und Erfolg haben. — Josua 1,8 EÜ

Wenn du Tag und Nacht über das Wort Gottes nachsinnst, wirst du auf deinem Weg Glück und guten Erfolg haben. Gottes Wort ist das, was dein Leben erfolgreich macht.

Es spielt keine Rolle, welche Position du hast oder welchen Beruf du ausübst. Du könntest Pastor, Hausfrau, Vater, Mutter oder Geschäftsmann bzw. Geschäftsfrau sein. Es spielt keine Rolle, was du tust, das Wort Gottes wird dich in jedem Bereich deines Lebens stärken. Deine Beziehung zu Gott, deine Beziehungen zu anderen Menschen, deine Familie, deine Arbeit, dein Wohlergehen, deine Gesundheit – das Wort Gottes wird all dies stärken! Alles hängt davon ab, wie du mit Gottes Wort umgehst.

Und du kannst dir auch nicht einfach die Offenbarung einer anderen Person schnappen und auf dieser Grundlage handeln. Du musst diese Offenbarung nehmen und anhand von Gottes Wort so lange darüber nachsinnen, bis es in deinem Inneren Fuß fasst und du Wurzeln schlägst. Dann wird das Wort Gottes zu wirken beginnen.

Diese zweite Art von Person hat sich nicht die Zeit genommen, das Wort Gottes im eigenen Leben Wirklichkeit werden zu lassen. Deshalb war es dem Teufel möglich, durch Bedrängnis und Verfolgung das Wort Gottes in ihrem Herzen zu hemmen. Wie schaut es bei dir aus?

KAPITEL 18

Erst die Wurzel, dann die Frucht

Man beachte, was das Wort über diese zweite Sorte Mensch, den steinigen Boden, sagt:

Sie haben keine Wurzel in sich. — Markus 4,17

Mit anderen Worten: Sie wurden von jemand anderem ernährt, während sie selbst keine Wurzeln in sich trugen.

Da die Kraft Gottes in deinem Inneren lebt, musst du nicht ständig den Weg über eine andere Person nehmen, um Gott zu erreichen. Wenn du wiedergeboren bist, lebt Gott höchstpersönlich in dir. Du kannst von seinem Leben schöpfen, doch es ist wie mit einem Samen. Ein Samenkorn muss Wurzeln bilden, damit diese in die Erde vordringen und Mineralien und Wasser nach oben fördern können. Deshalb gedeihen Bäume, die an einem Wasserlauf oder auf einer grundwasserführenden Schicht gepflanzt werden, besonders gut. Sie wachsen höher und kräftiger als andere Bäume, weil ihre Wurzeln in der Lage sind, das Wasser aufzunehmen.

Eine Pflanze in steinigem Boden trägt aus dem Grund keine nennenswerte Frucht, weil sie nicht in die Tiefe wachsen kann, um dort die benötigten Nährstoffe aufzunehmen.

Anhaltendes Wachstum

Mein Lehrer in der sechsten Klasse brachte zwei identische Terrarien mit in die Schule. Er befüllte beide mit Erde. In einem der Terrarien war der Boden ungefähr zweieinhalb Zentimeter hoch mit Erde bedeckt. Im anderen stand die Erde etwa dreißig Zentimeter hoch. Mein Lehrer setzte Tomatensamen in beide Terrarien und bewässerte diese jeden Tag mit einer identischen Menge Wasser. Er stellte die Terrarien vorne aufs Lehrerpult, sodass wir beobachten konnten, wie die Samen ihr Wunder entfalteten. Der Same in dem weniger gut gefüllten Behälter ging sehr schnell auf und brachte eine Pflanze hervor, die schon fast dreißig Zentimeter hoch war, bevor das andere Samenkorn auch nur ein kleines Keimblatt aus dem Boden schob.

Es hatte den Anschein, als gedeihe der Samen in flachem Boden besser, doch tatsächlich war es nur so, dass die Wurzeln nicht in die Tiefe wachsen konnten. Sie hatten einfach nicht genügend Raum dafür. Der Samen hatte zwar ausreichend Erde, um zu keimen, aber nicht genug, um zu wachsen. Weil im Wurzelbereich kein Wachstum möglich war, verlagerte sich alles an die Oberfläche. Nachdem die Pflanze etwa dreißig Zentimeter hoch geworden war, bleichte sie aus, verkümmerte und starb ab. Sie hatte nicht das nötige Wurzelsystem, um sich selbst zu erhalten.

Die andere Pflanze, die zu diesem Zeitpunkt nur ein winziges Pflänzchen war, begann zu wachsen und zu gedeihen. Sie brachte pralle Tomaten hervor und trug reichlich.

Anhand dieses Beispiels habe ich eine wertvolle Lektion gelernt. Wir können nicht erwarten, dass das Wachstum über der Erde größer ist als das Wachstum unter der Oberfläche. Oder anders ausgedrückt: Das Wurzelsystem ist der wichtigste Wachstumsbereich.

Willst du Frucht sehen? Dann lass deine Wurzeln wachsen. Viele Menschen hätten gern, dass sich die Kraft Gottes in ihrem Leben manifestiert und gute Dinge geschehen, aber sie lassen das Wort Gottes nicht in ihrem Herzen Wurzeln schlagen. Sie wollen nur die Frucht. Sie wollen keine Zeit in der Gegenwart Gottes verbringen, nach seinem Willen streben und ihm dienen. Sie wollen nur die Kraft Gottes in Erscheinung treten sehen. So funktioniert das aber nicht. Genauso wenig wie ein Baum ohne Wurzeln sein Wachstum aufrechterhalten kann, kannst du ohne ein gutes Wurzelsystem anhaltend Frucht in deinem Leben tragen.

Gottgefälliger Charakter

Genau über diese Wahrheit hat Gott zu mir gesprochen, als ich in Vietnam in der Baracke auf meiner Pritsche lag, an dem Tag, als er mich vor der Gaskammerübung bewahrte. Ich sann über diese Bibelverse nach, über das Gleichnis vom Senfkorn, und Gott gab mir diese Vision von dem riesigen Baum mit den winzigen Wurzeln (Mk 4,30–32). Ein Vogel landete auf einem der Äste und der Baum stürzte um, weil er kein ausgeprägtes Wurzelwerk hatte. Auf diese Weise begann der Herr zu mir zu reden. Er sagte: »Andrew, du willst dieses riesige Wachstum, aber deine Wurzeln verlaufen im Moment noch sehr flach. Würde ich dein Gebet erhören und dir das Wachstum geben, das du dir jetzt wünschst, würde es dich vernichten.«

Willst du, dass der Herr dich gebraucht? Wünschst du dir Frucht? Willst du das Wort Gottes wirken sehen? Nun, wie viel Zeit hast du darauf verwendet, das Wort Gottes in deinem Inneren Wurzeln fassen zu lassen? Tatsächlich ist es die Barmherzigkeit Gottes, die verhindert, dass du in stärkerem Maße gebraucht wirst. So ist es auch seine Barmherzigkeit, die dich von größerem finanziellem Wachstum abgehalten hat, denn du hast noch nicht den nötigen Charakter, um richtig damit umzugehen. Ich weiß, das sind nicht unbedingt begeisternde Nachrichten, und vielleicht fühlst du dich von dieser Offenbarung nicht wirklich gesegnet, dennoch ist es die Wahrheit. Darum geht es.

Gott hat in seinem Reich Gesetze aufgestellt, die dafür sorgen, dass du nicht über dein Wurzelsystem hinauswachsen kannst. Er hat das getan, weil er dich liebt, nicht um dich zu schädigen, zu verletzen oder zu behindern. Der Herr will nicht, dass du über der Erde stärker wächst, als du unter der Erde gewachsen bist. Oder anders ausgedrückt: Du kannst äußerlich nur so viel Wachstum erfahren, wie du innerlich gewachsen bist. Wenn du Gottes Wort nicht in deinem Inneren wachsen lässt, sodass es dich zu einem Menschen mit gottgefälligem Charakter formen und gestalten kann, wird dadurch jegliches sichtbare Wirken seines Wortes in allen anderen Bereichen deines Lebens gehemmt.

Wünschst du dir Heilung für deinen Körper, wachsenden Erfolg und offene Türen für deinen Dienst? Möchtest du bessere Beziehungen haben oder in deinem Job oder deiner Gemeinde eine größere Führungsrolle und mehr Einfluss erlangen? Wünschst du dir, dass Gott dich dazu benutzt, seinen Einfluss auf das Leben anderer Menschen zu verstärken? Das sind alles gute Dinge, die der Herr für dich will, aber sie sind eine Frucht, die entsteht, wenn das Wort Gottes tiefer in dein Inneres hineinwurzeln kann. Damit die Frucht an der Oberfläche wächst, musst du Gottes Wort unterhalb davon Wurzeln schlagen lassen.

Vertrautes Verhältnis

Wenn du das Wort Gottes in deinem Innern Wurzeln schlagen lässt, ist das vergleichbar mit den Wurzeln, die ein Samenkorn unterirdisch ausbildet. Es geschieht nicht offen und für jeden sichtbar. Es vollzieht sich in deiner eigenen persönlichen Beziehung mit Gott.

Vielleicht hast du mich schon einige Zeugnisse über die Frucht geben hören, die das Wort Gottes in meinem Leben hervorbringt, und du sagst jetzt: »Ich wünschte, ich könnte einige der Wunder erleben, von denen du erzählt hast. Ich möchte sehen, wie sich blinde Augen öffnen, taube Ohren hörend werden und Menschen von den Toten auferstehen. Ich möchte erleben, dass Menschen von allen möglichen Krankheiten und Beschwerden geheilt werden. Ich würde gerne ein Leben voller Frieden, Versorgung und Segen führen, unabhängig davon, was um mich herum geschieht. Ich wünschte mir einfach, das Wort Gottes hätte diese Wirkung für mich!«

Du machst dir jedoch nicht bewusst, dass ich Jahre damit zugebracht habe, über das Wort Gottes nachzusinnen und es in meinem Inneren Wurzeln schlagen zu lassen. Du siehst vielleicht in einem Bereich meines Lebens eine bestimmte Frucht und denkst: *Nun, das sieht aber einfach aus. Das will ich auch*, und dann zielst du direkt auf die Frucht ab. Tatsächlich solltest du dich aber geradewegs um die Wurzel kümmern.

Ich habe früher viel Zeit damit verbracht, Gott darum zu bitten, mich zu gebrauchen. Eines Tages sagte er zu mir: »Hör auf, ständig diese Bitte an mich zu richten. Ich gebrauche dich deshalb nicht, weil du nicht brauchbar bist. Bete stattdessen: ›Herr, mach mich brauchbar‹. Mein Wunsch, dich zu gebrauchen, ist größer als deiner, gebraucht zu werden. Sobald du brauchbar bist, werde ich dich sofort ans Werk schicken.« Es dreht sich tatsächlich alles um unser Wurzelsystem.

Wenn du nur dafür sorgst, dass Gottes Wort in deinem Herzen Wurzeln schlägt, dann wird das Wort wachsen und schließlich die von dir gewünschten Früchte tragen. Man braucht ein ausgeprägtes Wurzelwerk, um viel Frucht zu bringen!

KAPITEL 19

Ersticktes Wachstum

In Markus 4 ist von vier verschiedenen Bodenarten die Rede, die für vier verschiedene Arten von Menschen stehen, die das Wort Gottes hören. Man kann es auch so sehen, dass es vier Stadien gibt, die das Herz durchläuft, wenn es den Samen des Wortes Gottes aufnimmt.

Im ersten Stadium ist das Herz so hart, dass Gottes Wort nicht einmal einzudringen scheint. Das ist der erste beschriebene Typ Mensch.

Dann durchläuft man eine Phase, in der das Wort Gottes einen begeistert, man ist voller Enthusiasmus über dessen Potential, doch man ist noch nicht bereit für die Ablehnung und Kritik, die einem entgegenschlägt, sobald man beginnt, sich zum Wort zu bekennen. Wenn du die Bedrängnisse und die Verfolgung nicht überwindest und durch diese Phase hindurchgehst, dann wird das Wort Gottes niemals fruchten. Du musst an einen Punkt gelangen, an dem du sagst: »Ich werde zum Wort Gottes stehen, auch wenn es mich Beziehungen kostet, wenn ich mit Nachteilen rechnen muss, aus meinem Job gefeuert werde oder was auch immer. Es ist mir egal. Gottes Wort ist das Allerwichtigste!«

Sorgen, Betrug und Begierden

Dann gibt es noch eine dritte Art Mensch bzw. ein drittes Stadium, das dein Herz durchlaufen muss. Eine Beschreibung findet sich in Markus 4,18–19, die besagt:

> *Und die, bei denen unter die Dornen gesät wurde, das sind solche, die das Wort hören, aber die Sorgen dieser Weltzeit und der Betrug des Reichtums und die Begierden nach anderen Dingen dringen ein und ersticken das Wort, und es wird unfruchtbar.*

Das ist ein starkes Wort! Ich bete, dass der Herr dir die Offenbarung gibt, sodass du diese Entwicklung erkennen kannst.

Ich weiß noch, wie Gott Markus 4,16–17 benutzte, um zu mir zu sprechen. Durch diese beiden Verse zeigte er mir, dass ich noch keine eigenen Wurzeln in mir hatte. Ich lebte von der Offenbarung eines anderen. Dann traf ich die Entscheidung, das Wort Gottes für mich zur Realität werden zu lassen. Nachdem ich mich so entschieden hatte, begann ich, mich mit den vorgenannten Versen – Markus 4,18–19 – zu beschäftigen. Was mich persönlich betrifft, so glaube ich, dass ich bis zu einem gewissen Grad immer noch zwischen der dritten und der vierten Art von Boden stehe, an einem Punkt, an dem die Frucht wirklich zu wachsen beginnt. Ich sehe einiges an Frucht in meinem Leben, und ich preise den Herrn für das, was er tut, aber ich weiß, dass da noch mehr ist.

Die dritte Art von Boden – oder Herz – ist die, bei der du die feste Entscheidung getroffen hast, weiterzumachen, ungeachtet dessen, was es dich kosten könnte. Du hast beschlossen, dein Leben vom Wort Gottes bestimmen zu lassen. Doch sieh dir noch einmal an, was Markus 4,19 zu sagen hat:

Aber die Sorgen dieser Weltzeit und der Betrug des Reichtums und die Begierden nach anderen Dingen dringen ein und ersticken das Wort, und es wird unfruchtbar.

Suchtpersönlichkeiten

Wenn jemand im Natürlichen vorhat, Samen auszubringen, bereitet er für gewöhnlich den Boden vor, entfernt alles Gras und Unkraut und sät dann den Samen ein. Er beginnt, die Saat zu bewässern und nach Erfolgen Ausschau zu halten. Auch wenn das vorhandene Gras und Unkraut herausgezogen wurde, bleiben einige verborgene Samen zurück, und das Unkraut wird zusammen mit der neuen Pflanze wieder aufsprießen. Man muss all dieses Unkraut sorgfältig entfernen und die kultivierte Pflanze dabei unbehelligt lassen. Wenn das Unkraut nicht entfernt wird, entzieht es der Pflanze die Kraft und die benötigten Nährstoffe. Es scheint so, als wüchse das an sich unerwünschte Unkraut immer viel rascher und kräftiger als die erwünschte Frucht.

Genauso verhält es sich im geistlichen Bereich mit dem Samen von Gottes Wort und dem Boden deines Herzens. Das Wort Gottes beginnt, in deinem Herzen zu wurzeln, aber dein Herz wird sich an andere Dinge hängen wollen.

Da wäre zum Beispiel der Sport. (Wenn das jetzt dich betrifft, will ich dich keinesfalls kritisieren oder auf dir herumhacken. Ich stelle lediglich ein Beispiel auf, damit du verstehst, wovon ich spreche.) Ich habe schon Menschen getroffen, die Sport wie einen Gott behandeln. Sie sehen sich alles an, was mit dem Wort *Sport* zu tun hat, und verbringen Unmengen von Zeit vor dem Fernseher.

Es ist nichts gegen Sport einzuwenden, wenn es in einem gewissen Rahmen bleibt. So ziemlich alles, was in Maßen getan wird, ist in Ordnung. So lehrt es die Bibel. Aber viele Menschen neigen zu Extremen. Sie haben eine Suchtpersönlichkeit. Also pflanzen sie sich buchstäblich vor die Glotze, wenn ihr Lieblingssport Saison hat.

»JF«

Viele Frauen kommen zu mir und sagen: »Mein Mann ist wie in einem Taumel. Er kann überhaupt nichts mehr tun, außer über Sport zu reden.« Eine Frau sagte mir: »Mein Mann leidet an JF.«

Ich dachte: *O Mann, was ist das, eine neue Krankheit?* Also fragte ich sie: »Was ist JF? Was macht es mit deinem Mann?«

Sie antwortete: »Er sitzt einfach auf der Terrasse auf einem Stuhl und starrt in den Wald hinaus. Er hockt da und poliert sein Gewehr und reinigt seine Pistole.«

»Ja, und was ist JF?«

»Ihn überfällt das Jagdfieber. Sobald der Herbst kommt, kriegt er diesen glasigen Blick. Er ist völlig gefesselt von dem Gedanken, loszuziehen, Fallen aufzustellen, zu jagen und all das zu tun, was sonst noch mit der Jagd zusammenhängt. Er ist dann monatelang nicht mehr ansprechbar!«

Von solchen Dingen ist in Markus 4,19 die Rede. Wir sollten nicht so sehr in einer Sache aufgehen, dass wir dadurch vom Wort Gottes abgelenkt werden.

Ablenken und beschäftigen

Zu den Sorgen dieses Lebens gehören auch Dinge wie Kindererziehung, berufliche Verpflichtungen und alle möglichen anderen

Dinge, die gewiss nicht sündhaft sind. In 2. Thessalonicher 3,10 heißt es sogar: »Wenn jemand nicht arbeiten will, so soll er auch nicht essen!«

Arbeit ist gut und hat ihren Platz in unserem Leben. Wir können jedoch so sehr damit beschäftigt sein, unseren Lebensunterhalt zu verdienen und unsere Kinder aufzuziehen, dass wir das Wort Gottes in unserem Herzen buchstäblich ersticken und verhindern, dass es in unserem Leben Wirkung zeigt. Wir können erfolgreich die Schwelle zu dem Punkt überschreiten, an dem Bedrängnis und Verfolgung keine große Sache mehr für uns sind. Doch eine viel subtilere und weitaus gefährlichere Attacke des Teufels gegen das Wort Gottes in unserem Leben ist die an sich banale Beschäftigung mit anderen (nicht unbedingt sündigen) Dingen.

Wenn du die Vision einer Person zerstören willst, gib ihr zwei. Lass ihre Vision in zwei verschiedene Richtungen laufen und du kannst sicher sein, dass es mit einer »Di-vision« (Trennung) endet. Wir können einfach nicht mehrere Dinge gleichzeitig tun und mit ganzem Herzen dabei sein und alles richtig machen. Wir müssen Prioritäten setzen. Es muss bestimmte Dinge in unserem Leben geben, die eine so hohe Priorität haben, dass wir sie nie vernachlässigen. Jeden Tag, für den Rest unseres Lebens, werden wir solche Prioritäten setzen müssen. Wenn wir wollen, dass das Wort Gottes in unserem Leben wirklich etwas bewirkt, muss es zu einer absoluten Priorität werden. Satans hinterlistigste Angriffsmethode auf uns sind Dinge, die nicht unbedingt Sünde sind, die jedoch unsere gesamte Zeit und Aufmerksamkeit beanspruchen; so lenkt er uns ab und hält uns beschäftigt.

So viel zu tun

Wie ein Stück Ackerboden hast auch du nur eine bestimmte Nährstoffmenge in dir. Und wenn diese Nährstoffe erschöpft sind, spielt es keine Rolle, ob der beste Samen der Welt in dein Herz gesät wird, denn er wird trotzdem nicht aufgehen. Wenn dein Herz von anderen Dingen eingenommen ist und deine Zeit und Aufmerksamkeit woandershin fließen, kannst du dadurch das Wort Gottes ersticken.

> *Aber die Sorgen dieser Weltzeit und der Betrug des Reichtums und die Begierden nach anderen Dingen dringen ein und ersticken das Wort, und es wird unfruchtbar.*
> *— Markus 4,19*

In meinem Dienst habe ich verschiedene Phasen durchlaufen. Es gab eine Zeit, in der die Leute meinen Treffen scharenweise fernblieben. Ich meine, es war wirklich nicht mehr mit natürlichen Gründen erklärbar, wie viele Leute nicht erschienen. In jenen Tagen verbrachte ich sehr viel Zeit im Wort Gottes.

Dann fingen wir an, Wunder zu erleben, und einige Menschen erfuhren eine totale Veränderung. Die Besucherzahlen stiegen. Als wir nach Pritchett, Colorado, zogen, gab es Zeiten, in denen ich – wenn ich es zugelassen hätte – um meinen Nachtschlaf gebracht worden wäre. Die Leute blieben bis in den späten Abend hinein und ich musste sie nach Hause schicken. Sie klingelten mich um zwei, drei oder vier Uhr morgens aus dem Bett. Wunder geschahen am laufenden Band, doch mich laugte das Ganze völlig aus.

Über Wochen hinweg schlug ich die Bibel nur auf, um anderen Menschen durch Gebet und Predigt das Wort Gottes zu bringen. Es ist nicht so, dass der Dienst an sich problematisch war. Ich war nur so sehr damit beschäftigt, anderen Menschen zu dienen, dass ich das Wort nicht mehr in mein eigenes Herz säte. Was mich beschäftigt hielt, war keine schlechte Sache. Es war nichts Böses. Es war tatsächlich eine Hilfe für die Menschen. Doch wir können so sehr damit beschäftigt sein, anderen zu helfen, dass unsere persönliche Beziehung zu Gott darunter leidet.

Qualität und Quantität

Damit will ich Folgendes sagen: Wenn das Wort Gottes schon dadurch erstickt werden kann, dass man damit beschäftigt ist, Leuten zu helfen, für sie zu beten, ihnen zu predigen und zu dienen, wie viel leichter dann kann es einem Menschen so ergehen, der von Job, Lieblingssport oder Lieblingssendung im Fernsehen vollkommen in Beschlag genommen wird? Wir können derart beschäftigt sein, dass das Wort Gottes seine Kraft nicht entfalten und in unserem Leben keine Frucht bringen kann. Zu einem fruchtbaren Christenleben gehört, dass man sich regelmäßig die nötige Zeit nimmt, um Gottes Wort ins eigene Herz zu säen.

Einmal veranstaltete ich eine große Konferenz und war sehr beschäftigt. Ich war jeden Tag von sechs Uhr morgens bis nach Mitternacht nonstop unterwegs. Ich hatte einfach nicht viel Zeit, um das Wort Gottes zu studieren. Nach der Konferenz verbrachte ich also ein paar Tage mit Ausspannen. Obwohl ich eine Menge zu tun hatte, nahm ich mir viel Zeit, einfach im Wort Gottes zu lesen und zu studieren. Ziel dieser Beschäftigung war nicht die Vorbereitung einer Predigt oder Lehreinheit. Ich las und betrachtete das Wort Gottes nur für mich, und das tue ich nun schon seit mehr als fünfzig Jahren.

Vielleicht denkst du jetzt: *Also gut, wie lange muss ich mich denn mit dem Wort beschäftigen? Reichen sechs Monate aus und dann habe ich es geschafft?* Wenn du so denkst, verstehst du etwas nicht richtig. Du musst dahin kommen, dass das Wort Gottes zu einer Lebensweise wird.

Zum Beispiel habe ich Psalm 19 tatsächlich schon Hunderte, wenn nicht gar Tausende Male gelesen. Und das ist keine Übertreibung. Es gibt ein Lied, das auf diesem Psalm basiert, und ich habe es schon genauso oft gesungen, wie ich diesen Psalm gelesen habe. Und doch erhalte ich daraus jedes Mal neue Offenbarungen oder besser gesagt, ich sehe ihn auf immer wieder neue Weisen. Und ich garantiere dir, dass dieses Offenbarte in meinem Leben Frucht tragen wird. Gottes Wort gibt mir jeden Tag völlig neue Einsichten.

Für viele Menschen, die dieses Buch lesen, ist das nicht ihr Lebensstil. Sie wollen die Frucht, werden aber das Wort Gottes nicht in ihr Herz säen und es dort bewahren, bis die Saat aufgeht. Sie werden zulassen, dass andere Dinge ihre Zeit in Anspruch nehmen. Ich sage es dir in Liebe: So funktioniert das Wort Gottes nicht (Eph 4,15). Du musst dem Wort Gottes Zeit widmen – in qualitativer *und* quantitativer Hinsicht.

Stille Zeit

Meine Frau und ich haben zwei Söhne großgezogen. Als sie klein waren, steckten sie voller Energie, sie tollten herum und spielten ausgelassen. Doch jeden Nachmittag hatten wir eine stille Zeit. Ganz gleich, wo wir waren oder was wir taten, es gab immer diese Auszeit. Als die beiden noch sehr klein waren, legte Jamie sie hin und ließ sie einen Mittagsschlaf machen. Als sie älter wurden, mussten sie nicht unbedingt schlafen, aber sie mussten still sein und etwas Ruhiges tun, zum Beispiel ein Buch lesen oder sich Bilder anschauen. Sie sollten einfach eine Ruhezeit mit sinnvoller Beschäftigung haben. Wir brachten unseren Kindern bei, sich einmal am Tag zurückzulehnen und auszuruhen, anstatt ständig auf Hochtouren zu laufen.

Vielleicht kannst du damit nichts anfangen, aber ich glaube nicht, dass unsere Kinder die einzigen sind, die so etwas brauchten. Ich denke, dass die meisten Eltern ihren Kindern in diesem Bereich zu sehr nachgeben und sie dadurch verziehen.

Meine Frau zwang sich dazu, in dieser Zeit eine Stunde freizunehmen. Eigentlich wäre es eine gute Gelegenheit gewesen, ohne zwei kleine Jungen im Schlepptau ein paar Arbeiten zu erledigen, aber sie war entschlossen, diese Zeit mit Gebet, Bibelstudium und Kraftauftanken zu verbringen, denn Kinder zu erziehen kostet viel Energie. Es gibt selbstverständlich verschiedene Möglichkeiten, wie man solche Zeiten gestalten kann.

Wenn ich davon spreche, im Wort Gottes zu sein, ist mir natürlich klar, dass wir uns nicht ständig hinsetzen und darin lesen können. Dennoch können wir Tag und Nacht über das Wort Gottes nachsinnen.

Stärker durchsättigt

Über dieses Buch der Weisung sollst du immer reden und Tag und Nacht darüber nachsinnen, damit du darauf achtest, genauso zu handeln, wie darin geschrieben steht. Dann wirst du auf deinem Weg Glück und Erfolg haben. — Josua 1,8 EÜ

Wie schon gesagt, man kann nicht permanent die Bibel lesen, wenn man einen Vollzeitjob hat und sich um Kindererziehung und um alle möglichen anderen Dinge kümmern muss. Aber es gibt eine gewisse Zeit, die du sitzend und lesend verbringen musst, denn du kannst nicht über etwas nachsinnen, das du nicht in dich aufgenommen hast. Wenn du es einmal in dich aufgenommen hast, kannst du eine Lebensweise entwickeln, bei der du mit deinen Gedanken beim Wort bleibst (Jes 26,3). Du kannst zum Beispiel anstatt weltlicher Musik gute christliche Musik hören. Warum sollte man Leuten zuhören, die etwas über Typen singen, die vom Barhocker rutschen, die jammern und leiden und ständig in irgendeiner Weise entmutigt sind? Hör dir etwas an, das Gott verherrlicht, egal, ob im Auto oder bei der Hausarbeit.

Dank technologischer Fortschritte haben wir heute viele Möglichkeiten, das Wort Gottes zu hören. Es gibt keinen guten Grund, warum die Menschen heutzutage nicht stärker mit dem Wort Gottes durchsättigt sein sollten, als es die Menschen in früheren Zeiten waren. Zwar sind unsere Lebensgewohnheiten hektischer, aber wir haben einige Vorteile. Wir können christliches Radio hören, christliche Fernsehsender einschalten und christliche Podcasts abrufen. Wir können Audioaufnahmen von Predigten und Lehreinheiten anhören und uns das Wort Gottes sogar laut vorlesen lassen. Wir können Tag und Nacht über das Wort Gottes nachsinnen (Jos 1,8).

»Na ja, Andrew, ich finde daran einfach keinen Gefallen. Ich mag andere Sachen lieber.« Nun, wenn du diese Frucht lieber magst als die Frucht des Wortes Gottes, dann ist das deine Entscheidung. Du musst nicht tun, was ich sage, um den Herrn lieben zu können und in den Himmel zu kommen. Wahrscheinlich kommst du sogar schneller dorthin, denn solltest du krank werden, wirst du nicht wissen, wie du die Kraft Gottes in Anspruch nehmen kannst.

Du wirst warten müssen, bis ein Heilungsevangelist in die Stadt kommt. Und falls du in einer Krise steckst und nicht so lange warten kannst, wirst du sterben und vorzeitig in den Himmel kommen, weil du nicht weißt, wie du Heilung empfangen kannst. Über das Wort Gottes zu meditieren ist kein Muss. Es ist keine Pflicht – es sei denn, du willst Frucht bringen. Wenn du Frucht willst, dann musst du alle anderen Dinge, die um deine Aufmerksamkeit buhlen, hintenanstellen – musst das »Unkraut« ausreißen – und der Meditation über das Wort Gottes Priorität einräumen.

Ich weiß nicht, wie ich das genau erklären soll, aber wenn man über Gottes Wort nachsinnt, verändert einen das einfach. Es verändert die Art, wie man denkt. Es verändert die Art und Weise, wie man empfindet. Es verändert, wie man andere behandelt. Das tut es wirklich. Gottes Wort verwandelt dein Leben.

KAPITEL 20

Weniger ist mehr!

Aber die Sorgen dieser Weltzeit und der Betrug des Reichtums und die Begierden nach anderen Dingen dringen ein und ersticken das Wort, und es wird unfruchtbar.
— Markus 4,19

Es gibt eine Vielzahl von Dingen, die deine Energie beanspruchen und deine Aufmerksamkeit vom Wort Gottes ablenken können. Manche Leute denken: *Wenn ich nur mehr Geld hätte, könnte ich ein größerer Segen für die Gemeinde, für den Dienst und für meine Familie sein. Wir könnten dieses und jenes haben, und wir könnten unsere Träume wahr werden lassen.* Du kannst dem Geld nachjagen, wenn du willst, aber du unterliegst einer Täuschung, wenn du glaubst, dass es dich besser oder glücklicher machen wird.

Ich habe mal einen Artikel über einen berühmten Sportler gelesen, der Jahr für Jahr die Nummer eins gewesen ist. In diesem Bericht erzählte er, wie leer und verzweifelt er sich fühlte. Dieser Mann hatte jede Menge Ruhm, Geld und alles, was damit einhergeht. Aber diese Dinge brachten ihm nicht das, was er tatsächlich wollte. Das ist der Betrug des Reichtums. Der Gedanke: *Wenn ich nur mehr hätte, ginge es mir besser*, ist eine Lüge. Es stimmt einfach nicht.

Das genaue Gegenteil

Du musst dich gegen den Betrug des Reichtums wehren und verstehen, dass nur Gottes Wort dir in deinem Leben wirklich die Dinge geben wird, die zählen – Gesundheit, Wohlergehen, Beziehungen, Frieden, Freude, Sieg –, sowohl jetzt als auch in der Ewigkeit. Dies musst du begreifen und so weit verinnerlichen, dass du Gottes Wort zu einer Priorität machst und es bei allem, was du tust, an vorderste Stelle setzt.

> *Und die, bei denen auf das gute Erdreich gesät wurde, das sind solche, die das Wort hören und es aufnehmen und Frucht bringen, der eine dreißigfältig, der andere sechzigfältig, der dritte hundertfältig. — Markus 4,20*

Diese Beschreibung der letzten Bodenart segnet mich sehr. Von allen genannten Böden ist dies der eine, der sich als fruchtbar erwies. Was war an ihm anders? Was machte ihn so außergewöhnlich und so ertragreich? Er hatte weniger. Nicht mehr, sondern weniger – weniger Steine, weniger Dornen, weniger Unkraut, weniger von allem, was die Saat am Wachstum hindert.

Wenn Menschen darüber nachdenken, wie Gott sie gebrauchen kann und wie seine Macht in ihrem Leben sichtbar werden könnte, sagen sie automatisch: »Ich bin nicht gebildet genug. Ich habe nicht genügend Geld. Ich habe nicht viel Charisma. Mir fehlt es an allem Möglichen.« Wir denken, weil wir nicht so viel haben wie andere, kann Gott uns nicht gebrauchen. Doch im Reich Gottes ist genau das Gegenteil der Fall. Weniger ist mehr!

Nicht nur für Prediger

Damit das Wort Gottes seine Wirkung entfalten kann, braucht es deine ganze Aufmerksamkeit und deine volle Hingabe an sein Wort. Gottes Wort wird in jeder Art von Boden wirken, wenn die Steine entfernt werden, die Wurzeln wachsen und sich ausbreiten dürfen, das Unkraut herausgezogen wird und die Ablenkungen, die das Wort ersticken, beseitigt werden. Gottes Wort wird im Herzen eines jeden Gläubigen Wirkung zeigen.

Diese Wahrheit hat mein Leben verändert. Davor hatte ich das Gefühl, ich sei völlig chancenlos. Ich war nicht sonderlich gebildet. Ich bin ein Hinterwäldler aus Texas. Ich bekam kaum den Mund auf. Ich genierte mich ständig. Ich konnte niemandem ins Gesicht blicken. Ich war ängstlich und hatte nichts, was für mich sprach. Ich hatte das Gefühl: *Gott, ich habe dir nichts zu bieten.* Mein Leben veränderte sich jedoch von Grund auf, als ich erkannte, dass der Boden, sprich das Herz, das die besten Ergebnisse hervorbringt, nicht ein Herz ist, das von allem mehr hat, sondern eines, das von allem weniger hat.

Meine Reaktion darauf war, dass ich sagte: »Nun, Gott, ich bin nicht sicher, ob ich mehr sein kann als ich bin, aber ich weiß, dass ich weniger sein kann. Wenn weniger zu haben der entscheidende Punkt ist, dann bin ich dabei. Ich muss nicht so viel Kram aus meinem Leben ausmerzen wie die meisten anderen Menschen. Ich habe kein Selbstvertrauen. Ich war noch nie in irgendetwas erfolgreich. Ich habe nichts, was mich in Versuchung führt und mich von dir ablenkt. Ich kann dir mein Herz für den Rest meiner Tage schenken. Das kann ich tun.« Ich traf einfach den Entschluss, Gottes Wort an erste Stelle zu setzen, und sein Wort hat mein Leben verändert.

Jetzt wirst du vielleicht sagen: »Nun ja, Andrew, für dich mag das gut und richtig sein. Du bist ein Prediger, und Prediger müssen es so machen.« Nein, ich sage dir, dass das für jeden funktioniert. Ein Freund von mir, der Unternehmer ist, nahm sich das Wort Gottes zu Herzen, mit dem Ergebnis, dass sein Unternehmen den Jahresumsatz auf Hunderte Millionen Dollar steigern konnte. Mit seinem persönlichen Zeugnis bestätigte er, dass die Wahrheiten, die er aus dem Wort Gottes lernte und anwandte, zu diesem finanziellen Wohlstand führten.

Ich könnte dir Hunderte solcher Geschichten von Menschen erzählen, die die Wahrheiten aus Gottes Wort über Vergebung und das Hinhalten der anderen Wange beherzigt und dann erlebt haben, dass Beziehungen wiederhergestellt, die Ehe heil gemacht und Hass aus dem Herzen verbannt wurden (Mt 5,39). Gottes Wort wirkt bei jedem; es gilt nicht nur den Predigern!

Bleib dran

Schauen wir uns den Parallelvers von Markus 4,20 im Lukasevangelium an. Dieser Vers beschreibt die Art von Menschen, bei denen der Same reiche Frucht hervorbringt:

> *Auf guten Boden ist der Samen bei denen gefallen, die das Wort mit gutem und aufrichtigem Herzen hören, daran festhalten und Frucht bringen in Geduld. — Lukas 8,15 EÜ*

Wir müssen in Geduld Frucht bringen. Das ist ein fehlendes Element im Leben vieler Christen.

Manche Teilnehmer, die zu unseren Konferenzen kommen, sind zu Beginn der Woche voller Begeisterung. Sie kommen in der

Erwartung, etwas zu empfangen, und ein oder zwei Tage lang hält ihre Begeisterung an. Wenn sie jedoch nicht innerhalb von achtundvierzig Stunden alles Gewünschte erhalten haben, schlagen sie sich zunehmend mit Entmutigung und Depression herum.

So funktioniert das Wort Gottes aber nicht. Es ist durchaus möglich, dass jemand ein Wunder erlebt, und wir können Gott wirklich dankbar sein, dass es Wunder gibt. Aber im Allgemeinen braucht Veränderung im Leben eines Christen Zeit. Und viele Menschen sind einfach nicht bereit, dranzubleiben.

Viele, die dieses Buch lesen, werden begeistert sein und den Rest ihrer Woche damit verbringen, über das Wort Gottes zu meditieren. Vielleicht werden sie früh morgens aufstehen und in der Bibel lesen. Oder vielleicht verändern sie etwas, um das Wort Gottes in den Vordergrund zu rücken und ihm eine größere Bedeutung in ihrem Leben zu geben. Doch wenn sie nach einer Woche noch keine Ergebnisse sehen, werden viele aufgeben.

Was würde passieren, wenn man ein Samenkorn eine Woche lang im Boden lässt und es dann wieder ausgräbt? Man würde feststellen, dass sich nichts verändert hat. Und weißt du was? Du wirst niemals Frucht zu sehen bekommen, wenn du das tust. Du musst den Samen in die Erde legen, im Glauben daran, dass die Wahrheiten von Saat und Ernte funktionieren, und ihn einfach dort lassen. Hüte ihn. Bewässere ihn. Befreie ihn von Unkraut. Kümmere dich um ihn. Und irgendwann wird er Frucht hervorbringen.

In Geduld

Genauso verhält es sich mit dem Wort Gottes. Gottes Wort wirkt nicht auf Anhieb. In unserer heutigen Welt gibt es Instant-Tee,

Instant-Kaffee und Instant-Kartoffelbrei, und jeder möchte sein Wunder sekundenschnell wie aus der Mikrowelle. So geht das aber nicht. Wenn du dein Wunder von Gott empfangen willst, musst du das Wort Gottes nehmen und es in dein Herz säen. Und dies musst du Tag für Tag tun. Du musst darüber nachsinnen und dem Wort Gottes Zeit geben, seine Wirkung zu entfalten. Du musst »Frucht bringen in Geduld« (Lk 8,15 EÜ).

Der Same selbst bestimmt nicht, ob ein Mensch dreißigfache, sechzigfache oder hundertfache Frucht bringt. Der Same an sich ist nicht ausschlaggebend. Der Same hatte das Potential, in jeder einzelnen Situation hundertfache Frucht zu bringen. Entscheidend ist das Maß an Aufmerksamkeit, das dem Samenkorn im Herzen des Menschen geschenkt wird.

Es besteht in diesem Zusammenhang kein Unterschied zwischen dir und irgendeiner anderen Person. Und ebenso wenig unterscheidet sich das Wort Gottes in deinem Herzen von dem im Herzen eines anderen Menschen. Dein Herz ist in gleicher Weise fähig, Frucht zu bringen. Der einzige Unterschied besteht darin, was du daraus machst. Hat dein Herz mehr von allem? Oder weniger?

Auf guten Boden ist der Samen bei denen gefallen, die das Wort mit gutem und aufrichtigem Herzen hören, daran festhalten und Frucht bringen in Geduld. — Lukas 8,15 EÜ

Wirst du am Wort festhalten? Wenn ja, wird das Wort Gottes dein Leben verändern.

KAPITEL 21

Eine Krisensituation

Johannes der Täufer begann an seinem Glauben und an seinem ganzen bisherigen Leben zu zweifeln. Wie begegnete Jesus diesen Zweifeln? Mit der Kraft von Gottes Wort. Das Wort ist das beste Gegenmittel, wenn Zweifel und Unglaube aufkommen. Das zeigt sich in der Art, wie Jesus Johannes den Täufer behandelte.

Und die Jünger des Johannes berichteten ihm von dem allem.
— Lukas 7,18

»Von dem allem« bezieht sich auf die Wunder, die Jesus tat. Der Herr hatte eben erst seine Jünger beauftragt und sie zu zweit zum Dienst ausgesandt. Sie fingen an, Wunder zu wirken – sie weckten Tote auf, trieben Dämonen aus und öffneten blinde Augen. Es geschahen also Wunder durch Jesus persönlich und auch durch seine Jünger. Dies sind die Dinge, die Johannes dem Täufer berichtet wurden.

Zu diesem Zeitpunkt befand sich Johannes der Täufer im Gefängnis (Lk 3,19–20). Die Bibel ist diesbezüglich nicht eindeutig, aber nach meinem Verständnis hatte der Dienst von Johannes bis dahin nur etwa ein halbes Jahr angedauert. Er war so deutlich und so kompromisslos in seinen Aussagen, dass er König Herodes damit beleidigte. Denn Herodes hatte seine eigene Schwägerin, die Frau seines Bruders, geheiratet und Johannes der Täufer erklärte öffentlich, dass dies unmoralisch und gesetzeswidrig sei.

Daraufhin wurde Herodes sehr wütend und ließ ihn ins Gefängnis werfen, wo er nun seit mindestens sechs Monaten, möglicherweise sogar schon bis zu zwei Jahre eingesperrt war.

Etwas Gravierendes!

Johannes der Täufer befand sich also im Gefängnis und hörte nicht nur Berichte über Jesus, der all diese Wunder tat, sondern auch über dessen Jünger. Johannes rief daher zwei seiner Jünger zu sich und schickte sie zu Jesus mit der Frage: »Bist du es, der kommen soll, oder sollen wir auf einen anderen warten?« (Lk 7,19).

Viel zu oft übergehen wir dies und erkennen nicht, was sich hier abspielte. Johannes der Täufer hatte Zweifel, ob Jesus der Christus war. Er fragte: »Bist du der Messias, oder sollen wir auf einen anderen warten?« Hier passiert etwas Gravierendes!

Johannes der Täufer entsprach nicht dem, was die meisten Menschen für normal halten würden. Er wurde noch im Mutterleib mit dem Heiligen Geist getauft (Lk 1,15). Er war während seiner gesamten Kindheit und Jugend vom Heiligen Geist erfüllt, gesalbt und geleitet. Er tat nicht die normalen Dinge, wie wir sie heute tun. Er ging nicht mit anderen Kindern zur Schule. Als Einzelkind kannte er keine Geschwisterrivalität. Er hatte auch keine Freundin oder andere soziale Beziehungen. Die Bibel sagt, dass Johannes tatsächlich hinaus in die Wüste zog und dort bis zu jenem Tag blieb, an dem er vor dem Volk Israel auftrat (Lk 1,80).

Genau wissen wir es nicht, aber nach vorherrschender Überzeugung lebte Johannes mit einer Gruppe von Menschen, die sich Essener nannten. Das sind die Leute, die auch die Schriftrollen vom Toten Meer geschrieben haben und sie in jenen Höhlen deponierten, in denen sie später gefunden wurden. Sie waren ein überaus streng religiöser Orden. Ich habe einiges über sie gelesen, auch darüber, wie sehr sie Gott ergeben waren. Nehmen wir zum Beispiel den Sabbat. Das Gesetz besagt, dass man am Sabbat nichts tun darf, was als Arbeit angesehen werden könnte. Die Essener hielten in ihren Schriften wörtlich fest, dass es gegen ihre Regeln verstieß, am Sabbat seinen Darm zu entleeren. Dafür konnte ein Essener bestraft werden. Ihre Selbstbeherrschung war extrem! So waren also diese Leute, und es scheint, dass Johannes von ihnen in der Wüste aufgezogen wurde.

Es war sicherlich kein Zuckerschlecken. Johannes hatte keine normale Kindheit, und er verliebte sich als junger Mann auch nicht. Er blieb etwa dreißig Jahre lang in der Wüste.

Sein ganzes Leben

Johannes' gesamtes Leben war auf eine einzige Sache ausgerichtet.

> *Da erschien ihm ein Engel des Herrn, der stand zur Rechten des Räucheraltars. Und Zacharias erschrak, als er ihn sah, und Furcht überfiel ihn. Aber der Engel sprach zu ihm: Fürchte dich nicht, Zacharias! Denn dein Gebet ist erhört worden, und deine Frau Elisabeth wird dir einen Sohn gebären, und du sollst ihm den Namen Johannes geben. Und er wird dir Freude und Frohlocken bereiten, und viele werden sich über seine Geburt freuen. Denn er wird groß sein vor dem Herrn; Wein und starkes Getränk wird er nicht trinken, und mit Heiligem Geist wird er erfüllt werden schon von Mutterleib an. Und viele von den Kindern Israels wird er zu dem Herrn, ihrem Gott, zurückführen. Und er wird vor ihm hergehen im Geist und in der Kraft Elias, um die*

Herzen der Väter umzuwenden zu den Kindern und die Ungehorsamen zur Gesinnung der Gerechten, um dem Herrn ein zugerüstetes Volk zu bereiten. — Lukas 1,11–17

Die Eltern von Johannes hatten ihm von den übernatürlichen, wundersamen Ereignissen rund um seine Empfängnis und Geburt erzählt. Es war prophezeit worden, dass er derjenige sein werde, der dem Messias den Weg bereiten würde. Johannes der Täufer wusste, worin seine Aufgabe bestand. Der Heilige Geist sorgte dafür, dass er sich sein ganzes Leben lang auf diese Aufgabe konzentrierte, ganz ohne andere Ziele, Interessen, Ablenkungen oder Zerstreuungen. Er konzentrierte sich auf eine Sache, nämlich den Weg für den Messias zu bereiten. Und im Alter von dreißig Jahren erschien Johannes dann einfach auf der Bildfläche.

In jenen Tagen aber erscheint Johannes der Täufer und verkündigt in der Wüste von Judäa … — Matthäus 3,1

Johannes der Täufer tauchte nicht in den Städten auf, wo die Menschen waren. Die Bibel sagt, dass er in die Wüste hinausging. Nicht viele Menschen würden so handeln. Wenn heute jemand etwas bewirken will, wenn er Fische fangen will, dann geht er dorthin, wo die Fische sind. Nicht so Johannes. Er ging die Dinge auf ganz und gar übernatürliche Weise an. Er machte sich auf in die Wüste und begann, den Schlangen und Skorpionen zu predigen. Vielleicht kam ein Händler vorbei, hörte Johannes reden, und Gott berührte sein Herz. Vielleicht war er derart bewegt, dass er alle befreundeten Händler zusammenrief und einen ganzen Tross mit hinausnahm. Diese Leute begannen, anderen davon zu erzählen, und schon bald, innerhalb von nur sechs Monaten, wurden alle Menschen in Judäa, Samarien und den umliegenden Gebieten berührt (Mk 1,5; Lk 3,3; Apg 13,24). Mehrere Nationen wurden von Gott berührt, und zwar durch einen Mann, der nicht einmal schicke Anzüge trug. Johannes besaß kein geschliffenes Auftreten und er hielt sich auch nicht in den städtischen Zentren auf. Stattdessen weilte er draußen in der Wüste. Dennoch stellte er in kürzester Zeit die Welt auf den Kopf.

Zunahme und Abnahme

Welche Botschaft verkündete Johannes? Die Botschaft, dass Jesus der Christus ist.

> *Es geschah aber, als alles Volk sich taufen ließ und auch Jesus getauft wurde und betete, da tat sich der Himmel auf, und der Heilige Geist stieg in leiblicher Gestalt wie eine Taube auf ihn herab, und eine Stimme ertönte aus dem Himmel, die sprach: Du bist mein geliebter Sohn; an dir habe ich Wohlgefallen! — Lukas 3,21–22*

Als Jesus vor Johannes hintrat, erkannte dieser ihn als den Messias. Johannes sah, wie sich der Himmel öffnete und der Heilige Geist in Form einer Taube auf Jesus herabkam. Johannes vernahm eine hörbare Stimme aus dem Himmel, die verkündete: »Dies ist mein geliebter Sohn, an dem ich Wohlgefallen habe.«

Johannes der Täufer war so fest davon überzeugt, dass dies der Messias war, dass er sogar seine eigenen Jünger, darunter auch Petrus' Bruder Andreas, aufforderte, Jesus zu folgen (Joh 1,29–42).

> *Er muss wachsen, ich aber muss abnehmen. — Johannes 3,30*

Die Schriftgelehrten und Pharisäer stellten sich gegen Johannes und versuchten, ihn anzustacheln, indem sie sagten: »Kapierst du nicht, dass jetzt mehr Menschen Jesus folgen als dir?« Sie wollten ihn bei seinem Ego packen, um einen Keil zwischen ihn und den Herrn zu treiben. Doch Johannes antwortete ihnen nur: »Ich habe euch doch gesagt, dass ich nicht der Messias bin. Ich bin nur der Bote, der vor ihm kam, nicht einmal würdig, mich zu bücken und ihm den Schuhriemen zu lösen« (Joh 1,26–27). Johannes der Täufer wusste, dass Jesus der Christus war. Dies tat er bei vier verschiedenen Gelegenheiten öffentlich kund.

Schwerwiegend

Doch Johannes ist auch der Mann, der bereits seit mindestens sechs Monaten, vielleicht sogar schon seit zwei Jahren im Gefängnis saß. Und schließlich kamen ihm Zweifel, ob Jesus wirklich der Christus sei. Es kann leicht passieren, dass man dies nur flüchtig liest und so den Ernst der Lage übersieht. Doch dies war wirklich schwerwiegend!

Ist dir klar, was es für Johannes den Täufer bedeutet hätte, wenn Jesus nicht der Christus gewesen wäre? Hier ging es um Johannes' Lebensinhalt und seinen gesamten Dienst. Sein ganzes Leben war dem einen Zweck gewidmet, den Weg für den Messias zu bereiten. Und sollte Jesus nicht der Messias sein, hatte Johannes die Salbung, die Gabe auf seinem Leben, darauf verschwendet, eine Vielzahl von Menschen aus verschiedenen Nationen hinter der falschen Person herzuführen. Damit hätte nicht nur in Frage gestanden, wer Jesus war, sondern auch, wer Johannes selbst war. Das ganze Leben von Johannes dem Täufer stand auf dem Spiel. Dies war eine sehr ernste Angelegenheit!

Dass Johannes der Täufer diese Zweifel eingestand und zwei seiner Jünger zu Jesus schickte, um ihn zu fragen: »Bist du der Christus?«, zeigt uns, in welch großer Krise Johannes steckte.

Als nun die Männer zu ihm kamen, sprachen sie: Johannes der Täufer hat uns zu dir gesandt und lässt dich fragen: Bist du es, der kommen soll, oder sollen wir auf einen anderen warten? — Lukas 7,20

Jesus verstand die Schwere der Situation. Er wusste, was Johannes durchmachte. Der Herr verstand es sehr viel besser, als ich es hier beschreiben kann. Doch wie reagierte er angesichts der Krisensituation, in der sich Johannes befand?

Seine Antwort

Zu derselben Stunde aber heilte er viele von Krankheiten und Plagen und bösen Geistern und schenkte vielen Blinden das Augenlicht. Und Jesus antwortete und sprach zu ihnen: Geht hin und berichtet dem Johannes, was ihr gesehen und gehört habt: Blinde werden sehend, Lahme gehen, Aussätzige werden rein, Taube hören, Tote werden auferweckt, Armen wird das Evangelium verkündigt. Und glückselig ist, wer nicht Anstoß nimmt an mir! — Lukas 7,21–23

Dies war seine Antwort. Und der Herr antwortete den Jüngern des Johannes nicht einmal direkt! Er ließ etwa eine Stunde verstreichen. Während dieser Zeit heilte er alle möglichen Leute und trug dann den Jüngern von Johannes auf, zurückzukehren und Johannes zu berichten, was sie gesehen und gehört hatten.

Insbesondere sollten sie Johannes berichten, dass die Blinden sehend und die Tauben hörend geworden waren, die Toten auferweckt wurden und die Gelähmten gehen konnten, und dass Johannes gesegnet sein würde, wenn er keinen Anstoß an ihm nähme. Was für eine Antwort ist das denn?

Viele Jahre lang dachte ich beim Lesen dieses Abschnitts: *Herr, das scheint mir keine angemessene Reaktion gegenüber Johannes dem Täufer zu sein – dem Mann, der die Tür geöffnet, die Menschenmassen angezogen und den Weg für dein Kommen bereitet hat.* Es wirkt einfach nicht wie die passende Erwiderung, vor allem nicht, wenn man später erfährt, was Jesus wirklich über Johannes zu sagen hatte (Lk 7,26–28). Warum lobte Jesus Johannes erst dann so nachdrücklich, als seine Jünger bereits gegangen waren?

Die Antwort auf diese Frage findet sich genau darin, worauf wir uns hier konzentrieren, nämlich wie wichtig und mächtig das Wort Gottes in unserem Leben ist.

KAPITEL 22

Zurück zum Wort!

Johannes der Täufer steckte in einer Krise. Er zweifelte nicht nur an der Identität Jesu, sondern auch an seiner eigenen Identität. Wenn Jesus nicht der Messias war, dann wäre Johannes ein Versager. Dies war eine ernstzunehmende Situation!

Der Herr gab den beiden Jüngern von Johannes eine scheinbar unzureichende Antwort mit auf den Weg. Dies ist besonders verwirrend, wenn wir lesen, was nach dem Weggang von Johannes' Jüngern geschah.

> *Und als die Boten des Johannes weggegangen waren, fing er (Jesus) an, zu der Volksmenge über Johannes zu reden.*
> *— Lukas 7,24a*

Nachdem die Jünger gegangen waren, sagte der Herr sehr viel Lobendes über Johannes. Er tat dies nicht, solange die Jünger noch in Hörweite waren. Er wollte nicht, dass die Boten seine lobenden Worte mitbekämen und Johannes nach ihrer Rückkehr davon erzählten. Seine Botschaft an Johannes war eine andere: »Sieh hin – die Augen der Blinden sind aufgetan, die Ohren der Tauben hören und die Gelähmten können laufen, und du bist gesegnet, wenn du glaubst und keinen Anstoß nimmst.«

Nachdem die beiden Jünger des Johannes aufgebrochen waren, sprach Jesus zu den versammelten Menschen.

Was seid ihr in die Wüste hinausgegangen zu sehen? Ein Rohr, das vom Wind bewegt wird? — Lukas 7,24b

Nasses Kamelhaar

Dies ist eine ziemlich sarkastische Bemerkung. Natürlich waren die Menschen nicht in die Wüste hinausgegangen, um ein Schilfrohr zu beobachten, das sich im Wind bewegt. Außerdem wächst Schilf nicht in der Wüste, sondern eher in Wassernähe. All diese Menschen waren nicht von einer schönen Landschaft angezogen worden.

Oder was seid ihr hinausgegangen zu sehen? Einen Menschen, mit weichen Kleidern bekleidet? Siehe, die in herrlicher Kleidung und Üppigkeit leben, sind an den Königshöfen! — Lukas 7,25

Noch so eine sarkastische Äußerung. Jesus wollte damit sagen: »Was hat euch in die Wüste gelockt? Die schicke Kleidung von Johannes dem Täufer? Sicherlich nicht!« So ganz mit Kamelhaar bekleidet muss dieser Bursche einen ziemlichen Anblick geboten haben. Ich erinnere mich, irgendwo gelesen zu haben, dass das Einzige, was schlimmer riecht als Kamelhaar, nasses Kamelhaar ist. Johannes war ständig im Wasser und taufte Menschen, also stank dieser Kerl wahrscheinlich heftig! Er hatte lange Haare, und die Heuschrecken und der Honig, die er aß, klebten vermutlich in seinem struppigen Bart. Dieser Typ gab mit Sicherheit ein interessantes Bild ab (Mt 3,4)!

Oder was seid ihr hinausgegangen zu sehen? Einen Propheten? Ja, ich sage euch: einen, der mehr ist als ein Prophet! Dieser ist's, von dem geschrieben steht: »Siehe, ich sende meinen Boten vor deinem Angesicht her, der deinen Weg vor dir bereiten soll«. Denn ich sage euch: Unter denen, die von Frauen geboren sind, gibt es keinen größeren Propheten als Johannes den Täufer; doch der Kleinste im Reich Gottes ist größer als er. — Lukas 7,26–28

Jesu Worte über Johannes den Täufer als größten Propheten aller Zeiten stufen diesen in eine Kategorie ein, die über der von Mose, Elia, Jesaja, König David, Salomo und eigentlich jedem anderen liegt, den man nennen könnte. Aber warum hat der Herr diese Dinge nicht zu den beiden Jüngern gesagt, bevor er sie zurückschickte, wenn Johannes der Täufer doch diese Zweifel hatte und Bestätigung brauchte?

Gib nicht auf - halte durch!

Jesus war zu jener Zeit der einflussreichste Mensch in diesem Teil der Welt. Diejenigen, die von Jesus gehört hatten, ließen ihre Arbeit, ihre Familien und alles andere zurück, um zu ihm zu kommen und ihn zu hören. Jesus heilte Blinde, erweckte Tote und vollbrachte alle möglichen Wunder. Er war der Mittelpunkt aller Aufmerksamkeit. Er hatte mehr Einfluss als jeder andere. Was hätte es für Johannes den Täufer bedeutet, wenn Jesus – der wichtigste Mensch auf der Erde – gesagt hätte: »Johannes der Täufer ist die bedeutendste Person, die je gelebt hat«? Weißt du was? Das hätte das Feuer in Johannes angefacht. Es hätte ihn gesegnet und begeistert.

Ich erinnere mich an eine Zeit in meinem eigenen Leben, in der ich nicht die Besucherzahlen in meinen Versammlungen verzeichnen konnte, die Gott, wie ich wusste, für mich vorgesehen hatte. Wir hatten finanziell zu kämpfen. Ich tat, was ich konnte, doch nichts schien wirklich zu funktionieren.

Ich besuchte dann eine Konferenz in der Calvary Cathedral in Fort Worth, Texas, wo Bob Nichols als Pastor tätig ist. Ich schätze Bob und seine Frau Joy sehr. Bob ist ein guter Freund von mir und sitzt in meinem Vorstand. Doch vor dieser Konferenz hatte ich ihn erst ein einziges Mal getroffen und das war eine sehr negative Erfahrung gewesen. Ein Nachbar wollte uns beide miteinander bekannt machen, aber ich wollte die Freundschaft dieses Mannes mit Bob nicht ausnutzen, nur um Bob mal treffen zu können. Also sagte ich ihm ab. Irgendwann lud dieser Mann dann sowohl Bob als auch mich zum Abendessen in sein Haus ein, ohne dass er uns von der Anwesenheit des jeweils anderen in Kenntnis gesetzt hätte. Als Bob und ich eintrafen, schob mein Nachbar uns zusammen in einen Raum und schloss die Tür hinter uns. So wollte er uns dazu bringen, uns anzufreunden. Bob war sehr liebenswürdig und nett zu mir, aber mir war das Ganze sehr peinlich. Es war einfach ein unangenehmes Treffen und ich dachte, wenn Bob Nichols jemals wieder meinen Namen zu hören bekäme, würde er schleunigst die Flucht ergreifen.

Das war also der einzige Kontakt, den ich je mit Bob Nichols gehabt hatte, bevor ich zu dieser Konferenz in seine Kirche ging. Alle namhaften Redner waren dort – Leute wie Kenneth Copeland und Kenneth Hagin – und sie gaben sich gegenseitig Prophetien. Sie bekamen alle möglichen fantastischen Worte vom Herrn. Ich erinnere mich, dass ich in meiner Reihe genau in der Mitte saß, etwa zehn Sitze vom Gang entfernt, in diesem riesigen Saal voller Menschen. Während des Lobpreises wurden wir aufgefordert, umherzugehen und jemanden zu begrüßen. Ich kam mir so klein und unbedeutend vor und dachte: *Gott, ich brauche Hilfe. Ich brauche jemanden, der mich ermutigt.* Es war in etwa so, wie sich Johannes der Täufer gefühlt haben muss. Ich glaube zwar nicht, dass es annähernd so schlimm war, aber es war eine ähnliche Situation. Und ich betete um Hilfe.

Was glaubst du, was dann passierte? Bob Nichols, der Pastor dieser Kirche, erspähte mich irgendwie inmitten dieser zweitausend Menschen zählenden Menge, verließ das Podium, rannte hoch zu der Reihe, wo ich stand, und wollte mich umarmen, was aber wegen der Sitze zwischen uns etwas schwierig war. Also drängte er sich Entschuldigungen ausrufend zwischen den Leuten durch, bis er direkt bei mir angelangt war. Dann schlang er seine Arme um mich und ließ mich nicht mehr los. Das war keine kleine Begrüßungsumarmung unter Charismatikern. Er sagte zu mir: »Bruder, ich liebe dich. Gott liebt dich. Gib nicht auf. Halte durch!« Er ließ mich gar nicht mehr los. Er hielt mich einfach fest und diente mir. Dann ging er wieder zurück nach vorn aufs Podium.

Schriftrollen

Weißt du, was das bewirkt hat? Es hat mich ermutigt. Es hat mich gesegnet, dass dieser so bekannte Mann, der Gastgeber dieser Konferenz, mich gezielt aus der Menge pickte und mir auf diese Weise diente. Das hätte er nicht tun müssen. Ich verstand es als Ausdruck der Liebe Gottes zu mir, und es hat mir wirklich sehr geholfen.

Als ich diese Geschichte über Johannes den Täufer las, dachte ich: *Jesus, warum hast du all diese lobenden Worte über Johannes nicht gesagt, als seine Boten noch da waren, damit sie es auch hätten hören können?* Für mich wirkte es einfach nicht so, als hätte er

Johannes das gegeben, was dieser brauchte. Ich habe diesen Bibelabschnitt lange Zeit überhaupt nicht verstanden. Wenn ich diese Stelle las, regte sie mich sogar auf. Ich dachte: *Gott, ich verstehe das einfach nicht. Ich kann das überhaupt nicht nachvollziehen.*

Dann las ich eines Tages Jesaja 40,3–5 (LUT):

Es ruft eine Stimme: In der Wüste bereitet dem HERRN den Weg, macht in der Steppe eine ebene Bahn unserm Gott! Alle Täler sollen erhöht werden, und alle Berge und Hügel sollen erniedrigt werden, und was uneben ist, soll gerade, und was hügelig ist, soll eben werden; denn die Herrlichkeit des HERRN soll offenbart werden, und alles Fleisch miteinander wird es sehen; denn des HERRN Mund hat's geredet.

Mit dieser Schriftstelle war Johannes der Täufer vertraut. Sie stand auf Schriftrollen geschrieben und der Text war nicht wie heute in Kapitel und Verse unterteilt. Dass Johannes aus dieser Schriftrolle zitierte (was er in Lukas 3,4–6 getan hat), bedeutet, dass er das Buch Jesaja vollständig kannte.

Stärkt die müden Hände und macht fest die wankenden Knie! Sagt den verzagten Herzen: »Seid getrost, fürchtet euch nicht! Seht, da ist euer Gott! Er kommt zur Rache; Gott, der da vergilt, kommt und wird euch helfen.« Dann werden die Augen der Blinden aufgetan und die Ohren der Tauben geöffnet werden. Dann wird der Lahme springen wie ein Hirsch, und die Zunge des Stummen wird frohlocken. Denn es werden Wasser in der Wüste hervorbrechen und Ströme im dürren Lande. — Jesaja 35,3–6 LUT

»Ich habe die Prophetien erfüllt«

Als ich eines Tages diese Prophezeiung über den kommenden Messias las, dämmerte mir, dass der Bote, der den Weg für den Messias bereitete, diese Schriftstellen gekannt haben muss. Dann plötzlich erinnerte mich der Heilige Geist, dass dies genau das war, was Jesus den Jüngern von Johannes als Botschaft an ihn mit auf den Weg gab.

Und Jesus antwortete und sprach zu ihnen: Geht hin und berichtet dem Johannes, was ihr gesehen und gehört habt: Blinde werden sehend, Lahme gehen, Aussätzige werden rein, Taube hören, Tote werden auferweckt, Armen wird das Evangelium verkündigt. Und glückselig ist, wer nicht Anstoß nimmt an mir! — Lukas 7,22–23

Anstatt Johannes einfach irgendwelche Komplimente zu machen, die ihn für einen Tag oder eine Woche gesegnet hätten, verwies Jesus Johannes genau zu den Schriften, die prophezeiten, was geschehen würde, wenn der Messias käme. In diesen Schriften hieß es, dass dann die Augen der Blinden aufgetan, die Ohren der Tauben geöffnet und die Lahmen wie Hirsche springen würden (Jes 35,5–6).

Zu derselben Stunde aber heilte er viele von Krankheiten und Plagen und bösen Geistern und schenkte vielen Blinden das Augenlicht. Und Jesus antwortete und sprach zu ihnen: Geht hin und berichtet dem Johannes, was ihr gesehen und gehört habt: Blinde werden sehend, Lahme gehen, Aussätzige werden rein, Taube hören, Tote werden auferweckt, Armen wird das Evangelium verkündigt. — Lukas 7,21–22

Jesus ging noch in derselben Stunde hin und heilte Menschen, die blind, gelähmt oder taub waren. Und als Bonus weckte er auch noch jemanden von den Toten auf. Ist dir klar, was Christus da getan hat? Er hat Jesaja 35,5–6 erfüllt. Er hat die Boten von Johannes nicht ignoriert. Er nahm Johannes' Hilferuf keineswegs auf die leichte Schulter. Jesus erfüllte das Wort Gottes auf ganz erstaunliche Weise, denn er erfüllte es komplett innerhalb einer Stunde. Er tat all das in dieser kurzen Zeitspanne und als Zugabe gab es dann noch die Auferweckung der Toten, damit niemand fälschlicherweise denken könnte, alles andere sei nur ein Zufall.

Jesus sagte zu Johannes' Jüngern im Grunde: »Geht zurück und sagt Johannes, was ihr gesehen und gehört habt. Ich habe die Prophetien erfüllt« (Lk 7,22). Der Herr verwies Johannes den Täufer zurück zum Wort!

KAPITEL 23

Ein krankes Herz

Hingehaltene Hoffnung macht das Herz krank; ein erfüllter Wunsch aber ist ein Baum des Lebens. — Sprüche 13,12

Johannes der Täufer wusste, dass er von Gott berufen war, den Weg für den Messias zu bereiten. Und wenn Johannes so dachte wie alle anderen zu seiner Zeit, dann sah er das erste und zweite Kommen des Herrn als ein einziges großes Ereignis an. Jesus bezog sich sogar auf Jesaja 61,1–2, als er erklärte:

»Der Geist des Herrn ist auf mir, weil er mich gesalbt hat, den Armen frohe Botschaft zu verkünden; er hat mich gesandt, zu heilen, die zerbrochenen Herzens sind, Gefangenen Befreiung zu verkünden und den Blinden, dass sie wieder sehend werden, Zerschlagene in Freiheit zu setzen, um zu verkündigen das angenehme Jahr des Herrn.« — Lukas 4,18–19

Man beachte jedoch, an welcher Stelle Jesus im Lukasevangelium den zitierten Abschnitt enden ließ. In Jesaja 61,2 kommt danach noch »und den Tag der Rache unseres Gottes«.

Wir wissen heute, dass Jesus kam, um den neuen Bund zu schließen und das Evangelium zu verkünden, und dass zwischen dem ersten und dem zweiten Erscheinen des Herrn mittlerweile mindestens zweitausend Jahre des Zeitalters der Gemeinde liegen. Aber in den alttestamentlichen Schriften gingen diese beiden

Ereignisse sozusagen ineinander über. Das Gemeindezeitalter war nicht wirklich abgegrenzt oder deutlich gekennzeichnet. Die Menschen zur Zeit Jesu erwarteten also ständig, dass der Messias nicht nur kommen und die Sünde sühnen würde, sondern zeitgleich sein leibhaftiges Reich aufrichten würde. Sie erwarteten zudem, dass er mit eisernem Stab regieren und alle Widerstände zerschlagen würde. Das jüdische Volk erwartete die Befreiung aus der römischen Fremdherrschaft und den Beginn der Herrschaft und Macht ihres Königs, des Messias, über die ganze Erde.

Falsche Erwartungen

Johannes der Täufer wusste, dass er von Gott berufen war, den Weg für den Messias zu bereiten. Eine Zeit lang glaubte er voll und ganz und ohne jeden Vorbehalt, dass Jesus der Messias war. Aber nachdem Johannes sechs Monate oder gar zwei Jahre im Gefängnis gelitten hatte, tat Christus immer noch nicht mehr, als Menschen zu heilen, Wunder zu vollbringen und darüber zu predigen, dass man eine Beziehung mit Gott haben solle. Johannes konnte nicht feststellen, dass Jesus die römische Besatzungsmacht bekämpfte oder ein physisches Herrschaftsreich errichtete. Tatsächlich lehrte der Herr das genaue Gegenteil.

> *Ich aber sage euch: Ihr sollt dem Bösen nicht widerstehen; sondern wenn dich jemand auf deine rechte Backe schlägt, so biete ihm auch die andere dar. — Matthäus 5,39*

Wie jeder andere hatte auch Johannes falsche Erwartungen, und hingehaltene Hoffnung macht das Herz krank (Spr 13,12). Deshalb müssen wir uns vergewissern, wenn wir auf etwas hoffen, dass es sich wirklich um eine von Gott gewollte Sache handelt. Johannes der Täufer saß im Gefängnis und erwartete wahrscheinlich, dass Jesus die römische Regierung stürzen, die Juden von fremder Besatzung befreien und die Weltherrschaft übernehmen würde. Vielleicht erwartete er sogar, dass dies auch sein eigenes Freikommen aus dem Gefängnis zur Folge hätte. Doch als nichts davon geschah, begann Johannes zu zweifeln.

Genau das passiert immer wieder. Wenn jemand zum Beispiel ernsthaft damit rechnet, in seinem Job innerhalb von sechs Monaten befördert zu werden, dann aber zwei Jahre vergehen, kommen garantiert erste Zweifel auf. Die Person wird sich vielleicht fragen: *Hat Gott mich wirklich zu dieser Arbeitsstelle geführt? Was ist hier los?* Hingehaltene Hoffnung macht das Herz krank.

Fantasie und Entertainment

Als Johannes der Täufer zu zweifeln begann, ob Jesus wirklich der Messias sei, schickte er zwei seiner eigenen Jünger, um ihn danach zu fragen. Der Herr sprach Johannes viel Lob aus, allerdings erst, nachdem die beiden Boten bereits gegangen waren. Wie schon gesagt, erschien mir die Art, wie Christus antwortete, nicht situationsgerecht, und ich grübelte viele Jahre lang hierüber nach. Schließlich zeigte mir der Herr, was er in Wirklichkeit getan hat. Anstatt Johannes den Täufer zu ignorieren oder ihm auszuweichen, als dieser ein Problem hatte, gab Jesus ihm sein Bestes, nämlich das Wort. Jesus erfüllte die Heilige Schrift. Vor den Augen dieser beiden Boten erfüllte er in einer Stunde alle in Jesaja 35,5–6 aufgeführten Prophezeiungen. Dann befahl er Johannes' Jüngern, zurückzugehen und Johannes zu berichten, was sie gesehen hatten.

Ich glaube, dass Johannes bei ihrem Bericht sofort an die Prophetie über den Messias in Jesaja 35,5–6 erinnert wurde. Der Heilige Geist bestätigte ihm, dass Jesus der Messias war, weil dieser die Voraussetzungen erfüllte.

Was, denkst du, hätte Johannes den Täufer am meisten gesegnet? Seine Jünger, wenn sie nach ihrer Rückkehr gesagt hätten: »Jesus, der einflussreichste Mann auf der Erde, hat gesagt, dass du die bedeutendste Person bist, die bis zum heutigen Tag jemals geboren wurde«? Wäre das besser gewesen als der Beweis, dass die Heilige Schrift wahr ist und dass Jesus der Messias ist, weil er das dort Prophezeite erfüllt hat (Lk 7,20–23)?

So empfindlich, gefühlsbetont und emotional wie wir heute sind, würden die meisten von uns antworten: »Also, ich hätte gern, dass diese netten Dinge über mich gesagt werden.« Aber weißt du, die Emotionen, die solche Dinge hervorrufen, lassen nach. Das ist eines der größten Probleme unserer heutigen Gesellschaft. Wir wollen uns einfach immer gut fühlen. Es ist uns egal, ob etwas stimmt oder nicht. Wir wollen uns einfach nur auf eine bestimmte Art und Weise fühlen. Also tauchen wir in Fantasiewelten und in Unterhaltungsangebote ein, die nicht auf der Realität beruhen, nur um dieses Hochgefühl zu erzeugen.

Motiviert und gelenkt

Wir müssen erkennen, dass die Wahrheit mehr Macht hat als Gefühle. Hätte Jesus Johannes dem Täufer nur irgendein gutes Gefühl vermittelt, wäre dieses bald wieder abgeklungen. Und in der darauffolgenden Woche wären die Boten von Johannes erneut angerückt und hätten gesagt: »Johannes hat seine Gänsehaut verloren. Könntest du noch etwas anderes sagen, wodurch er sich so richtig wohlfühlt?« Johannes hatte jedoch feste Wurzeln. Er war mit dem Wort Gottes aufgewachsen. Er kannte das Wort Gottes. Als er von den Schriftgelehrten und Pharisäern befragt wurde, zitierte er aus Gottes Wort. Das Wort war es, was ihn motivierte und sein Leben bestimmte. Was also tat Jesus, als Johannes zu zweifeln begann? Er führte ihn zurück auf das sichere Fundament von Gottes Wort. Ich kann gar nicht genug betonen, wie wichtig das ist.

Von wenigen Ausnahmen abgesehen, erhalte ich fast nie eine Prophetie. Ich könnte zu einer Veranstaltung gehen und jeder Person in meiner Sitzreihe würde etwas prophezeit werden, doch ich wäre derjenige, der übergangen würde. Anfangs hat mich das sehr gestört. Ich wunderte mich und dachte: *Gott, was ist los? Stimmt etwas nicht mit mir? Wie kommt es, dass ich keine Prophetien und keine Worte der Erkenntnis und der Weisheit erhalte?* Willst du wissen, was er mir antwortete? Er sagte: »Das Beste, was ich zu bieten habe, ist der Umgang mit dir durch das Wort – dich mein Wort glauben zu lassen. Das ist der stärkste und großartigste Bereich des Glaubens, in den du eintreten kannst. Ich könnte mit dir auf einer niedrigeren Ebene umgehen, doch ich möchte, dass du mein Bestes auslebst, deshalb gebe ich dir diese Dinge nicht.«

Verstehe das, was ich hier sage, jetzt bitte nicht falsch. Ich will Träume, Visionen, Prophezeiungen und dergleichen damit nicht kritisieren. Es hat schon Situationen gegeben, in denen ich diese Dinge erlebt habe, aber es geschieht nicht allzu oft. Und der Herr hat versucht, mich über das hinaus zu bringen. Diese Dinge sind für Menschen, die sich noch schwertun. Aber je stärker du im Herrn wirst, desto mehr will er dich im Glauben leben lassen.

Aus diesem Grund reagierte Jesus Johannes dem Täufer gegenüber so, wie er es tat. Nicht, weil er ihn nicht respektiert hätte, sondern weil er ihn so sehr respektierte. Jesus sagte:

> *Ich sage euch: Von allen Menschen, die jemals gelebt haben, ist keiner größer als Johannes. Und doch ist noch der Geringste im Reich Gottes größer als er! — Lukas 7,28*

Was für eine gewaltige Aussage! Jesus respektierte Johannes den Täufer. Er respektierte ihn so sehr, dass er ihm nicht einfach eine seelische Streicheleinheit verpassen und ihm lediglich ein spontanes Gefühl vermitteln wollte, das wieder nachlassen würde. Stattdessen verwies er ihn zurück auf das Wort.

Genau das möchte Gott auch in deinem Leben tun. Vielleicht kämpfst du mit Zweifeln. Vielleicht fragst du dich, wozu du da bist oder bist unsicher in Bezug auf die Dinge, zu denen du dich von Gott berufen fühlst. Du wartest auf irgendeine Art von Gefühl. Du bittest um einen Traum. Du wünschst dir, dass jemand kommt und etwas unternimmt. Doch tatsächlich solltest du dich stattdessen auf Gottes Wort besinnen. Geh in Gottes Wort und höre, wie seine Stimme durch sein Wort zu dir spricht. Das ist es, was dein Leben verändern wird.

KAPITEL 24

Nähre deinen Glauben

Als Johannes der Täufer zweifelte, lenkte Jesus ihn zurück zum Wort. Das möchte der Herr auch in unserem Leben tun. Er möchte, dass wir mehr Gewicht auf die Wahrheit des Wortes Gottes legen und uns nicht so sehr von Umständen, Gefühlen oder irgendwelchen Bestätigungen bestimmen lassen.

Allzu oft wollen Menschen, dass der Herr durch zwei Visionen, drei Träume und vier Prophetien zu ihnen spricht, um etwas Bestimmtes zu bestätigen. Natürlich ist jeder für sich selbst vor Gott verantwortlich. Doch was mich angeht, ist das einfach nicht meine Art. Wenn das Wort Gottes etwas zu mir spricht, dann ist die Sache für mich entschieden. Es ist mir egal, ob ein Traum, eine Vision oder eine Prophetie etwas anderes sagt. Tatsächlich habe ich schon Prophetien, Träume und Visionen gehabt, die das genaue Gegenteil von dem aussagten, was Gott mir sagte.

Als junger Mann hatte ich zwei Träume, die ich für dämonisch hielt. Also wies ich sie zurück. Dann kam eine Frau in einem Restaurant, das fast fünfhundert Kilometer von meinem Wohnort entfernt lag, auf mich zu. Ich kannte dort niemanden, und diese Frau tauchte aus heiterem Himmel vor mir auf und sagte: »Gott spricht einmal, ja zweimal, in Visionen und Träumen der Nacht, wenn der tiefe Schlaf über die Menschen fällt«, was sich auf Hiob 33,14–15 bezieht. Dann erzählte sie mir, dass ich diese Träume zurückgewiesen hätte, weil ich dachte, sie kämen vom Teufel, aber in Wirklichkeit seien sie von Gott. Sofort überkamen mich Angst und Panik. Ich fragte mich: *Wie kann das sein?* Also begann ich ernsthaft darüber nachzudenken, diesen Träumen nachzugeben. Im Wesentlichen ging es darin um meine völlige Zerstörung und darum, dass ich zum Invaliden würde.

Kurze Zeit später lief mir ein Mann über den Weg, der sagte, Gott habe ihm sieben unheilbare Krankheiten auferlegt. Das war zu einer Zeit, als ich ganz am Anfang stand und noch nicht so sehr in der Wahrheit gefestigt war, dass Gott ein guter Gott ist und so etwas nicht tut. Ich begann also, diese Träume und Prophetien zu glauben. Und hier kommt nun dieser Prediger, der in manchen Kreisen sehr angesehen war, mit all seinen Krankheiten an und predigte, dass Gott das mit ihm gemacht habe.

Ich ging mit diesem Prediger essen. Jemand, der mich begleitete, erzählte ihm von den beiden Träumen und von der Frau, die auf mich zugekommen war und mir diese Prophezeiung gegeben hatte. Dieser Mann begann nun seinerseits, mir zu prophezeien: »Du wirst acht Jahre lang im Koma liegen. Du wirst hirntot sein und nur durch Maschinen am Leben erhalten werden. Du wirst da jedoch wieder herauskommen und danach wirst du stärker sein als je zuvor.« Ich wusste noch so wenig vom Herrn, dass ich das fast akzeptiert hätte. Meine Einstellung war: »Herr, wenn es das ist, was du mit mir vorhast, bin ich damit einverstanden.« Ich war nur um Haaresbreite davon entfernt, in Demut zu sagen: »Ich nehme das an.«

Das Blatt überreizt

Zu jener Zeit litt ich an einer unheilbaren Krankheit. Kurz bevor meine Frau und ich heirateten, wurde bei mir eine infektiöse Gelbsucht diagnostiziert, für die es keine Behandlung gab. Man sagte mir aber, dass sich mein Körper erholen würde, wenn ich etwa sechs Wochen lang absolute Bettruhe einhielte. Wenn ich jedoch nicht still liegen, sondern normal weiterleben würde, könnte mich das umbringen. Jedenfalls geschahen zeitgleich all diese Dinge und ich dachte: *Vielleicht passiert es ja so. Ich werde einfach weiter wie bisher Beton gießen und irgendwann wird mich diese Krankheit übermannen.*

Ich war so kurz davor, mich all diesem Kram zu unterwerfen, aber der Teufel hat sein Blatt überreizt, wie er es immer tut. Dieser Prediger erklärte: »Das Schlimmste an der ganzen Sache ist nicht, dass ich unter diesen Krankheiten leiden oder jeden Tag dem Tod ins Auge blicken muss; das Schlimmste ist, dass Gott sein Wort vor mir verschlossen hat. Seit acht Jahren schlage ich die Bibel nie auf, es sei denn, ich halte eine Predigt. Ich studiere nie. Gott lässt nicht zu, dass ich sein Wort studiere. Er hat mich von seinem Wort getrennt.«

Junge, das war's. Ich wusste nicht viel, aber ich wusste, dass Gott sein Wort nicht vor mir verschließen würde. Ich kannte die Verheißungen im Wort Gottes und wusste, wie wichtig es ist, sich täglich von seinem Wort zu nähren.

Ich weiß noch, wie ich im Restaurant vor diesem angesehenen Gastprediger, dem Gemeindepastor und allen Leitern aufstand – ich war damals kaum zwanzig – und sagte: »Ihr liegt alle falsch. Es ist mir egal, was ihr sagt. Gott wird mir sein Wort niemals verschließen.« Ich sagte mich von der ganzen Sache los, marschierte hinaus und verließ diese Gemeinde. Ich glaube, das hat mich davor bewahrt, dass diese Dinge tatsächlich eintraten. Wir müssen uns Gott unterstellen und dem Teufel widerstehen (Jak 4,7). Und es ist Gottes Wort, das uns hilft, dies zu tun.

Manche Leute wollen ihre Entscheidungen auf Visionen und Träume gründen. Wenn eine Vision oder ein Traum das bestätigt, was Gott durch sein Wort bereits zu mir geredet hat, dann akzeptiere ich das. Aber wenn ich eine Vision oder einen Traum hätte oder selbst wenn ein Engel zu mir käme und mir etwas sagte, das dem Wort Gottes widerspricht, dann würde ich es nicht annehmen (Gal 1,8–9). Ich habe solche Geschichten schon mehr als einmal erlebt.

Treibe den Zweifel aus

Es gibt eine Menge Leute, die auf all diese anderen Dinge aus sind. Sie kommen zu mir und fragen: »Bruder, hast du ein Wort für mich?« Dabei haben sie ihre Bibel griffbereit unter den Arm geklemmt. Ich möchte ihnen dann gern sagen: »Genau dort stehen Tausende von Gottes Worten an dich. Das da drin ist der Herr, der zu dir spricht!« Aber die meisten Menschen halten die Bibel nicht für das unfehlbare Wort Gottes. Sie denken, es stelle ihn nur vage dar. Sie gehen deshalb sparsam mit der Bibel um und nehmen höchstens mal einen Vers mit in ihren Alltag. Die wenigsten haben ihr Leben auf das Wort Gottes gegründet. Sie haben sich nicht darauf festgelegt.

Die meisten von uns hätten sich für das entschieden, was Jesus über Johannes den Täufer in Lukas 7,28 sagte: »Junge, du bist der wichtigste Mensch, der je auf der Erde gelebt hat.« Lieber hätten wir das gehabt, anstatt zu sehen, wie Christus ein Bibelwort erfüllt und sagt: »Glaube oder glaube nicht.« Jesus respektierte Johannes jedoch so sehr, dass er ihn auf das Wort zurückverwies (Lk 7,22–23).

Kämpfst du gegenwärtig in irgendeinem Bereich deines Lebens mit Zweifeln? Du brauchst keine emotionale Erfahrung. Du brauchst keine Prophetie, keine Vision und keinen Traum. Es ist nichts weiter nötig, als dass du dich wieder mit dem Wort Gottes beschäftigst.

Und doch kommt der Glaube durch das Hören dieser Botschaft, die Botschaft aber kommt von Christus.
— Römer 10,17 NLB

Der Glaube wird Zweifel und Unglauben aus unserem Leben vertreiben. Wir haben uns das Leben als Christen zu schwer gemacht. Wir denken, Gott zu dienen, sei sehr schwierig. Nun, es ist nur dann schwierig, wenn wir nicht über das Wort Gottes meditieren. Die Bibel sagt, wenn wir Tag und Nacht über Gottes Wort nachsinnen, werden wir guten Erfolg und Gelingen auf all unseren Wegen haben.

Schlicht und wahr

Über dieses Buch der Weisung sollst du immer reden und Tag und Nacht darüber nachsinnen, damit du darauf achtest, genauso zu handeln, wie darin geschrieben steht. Dann wirst du auf deinem Weg Glück und Erfolg haben. — Josua 1,8 EÜ

Und sieh genau hin, hier steht nicht, dass auf deinem Weg Glück und Erfolg möglicherweise auf dich warten, sondern dass du beides *haben wirst.* Wenn du Gottes Wort in deinem Leben an erste Stelle setzt, wird es automatisch alles erzeugen, was du brauchst. Es wird einfach mühelos kommen.

Hast du jemals einen Baum gesehen, der ächzt, stöhnt, sich schüttelt, und dann – zack – ist plötzlich ein Apfel da? Auf diese Weise entstehen Früchte nicht. Es liegt in der Natur des Baumes, Äpfel hervorzubringen, aber das braucht seine Zeit. Und man muss die ganze Zeit über ein Apfelbaum sein. Es braucht Beständigkeit. Man muss fest eingepflanzt bleiben. Du musst verwurzelt bleiben.

Du darfst dich nicht wegbewegen. Wenn du genau dort – direkt im Wort – bleibst, wirst du automatisch Frucht tragen.

Genau das müssen wir in unserem Leben als Christen lernen. Gott möchte, dass sein Wort die Grundlage für jegliches Handeln ist. Die meisten Menschen haben deshalb nicht mehr Erfolg, weil sie dem Wort Gottes nicht so viel Bedeutung beimessen, wie sie es sollten. Das ist eine schlichte Feststellung, aber sie ist wahr.

Der größere Segen

In einem früheren Kapitel haben wir davon gesprochen, dass Jesus sich über den Glauben des Hauptmanns wunderte (Mt 8,10). Jesus nannte ihn »groß«. Der Hauptmann sagte: »Sprich nur das Wort.« Er verstand die Wirkung und Vollmacht von Gottes Wort (Mt 8,5–13).

Thomas, bekannt als der Zweifler, sagte, er werde nicht glauben, bevor er nicht gesehen und berührt habe (Joh 20,19–29). Jesus sagte zu ihm: »Thomas, ein größerer Segen liegt auf denen, die ohne zu sehen, ohne physische Beweise glauben.« Gottes Wort selbst ist der Beweis.

Willst du den größeren Segen? Möchtest du in großem Glauben leben und handeln? Dann glaube dem Bericht des Herrn. Er ist für dich in Gottes Wort festgehalten.

Nur zu, nähre deinen Glauben und lass deine Zweifel verhungern!

KAPITEL 25

Zwei Türen

Johannes der Täufer – der größte Prophet, der vor Jesus je auf der Erde gewandelt ist – hatte Zweifel. Er schickte ein paar seiner Jünger zu Jesus, um ihn zu fragen, ob er wirklich der Christus sei. Im Grunde bat Johannes den Herrn, ihm bei der Beseitigung seiner Zweifel zu helfen. Er wollte glauben. Er hatte sich bereits öffentlich dazu bekannt, dass Jesus der Christus war. Aber Johannes kämpfte mit Zweifeln. Der Herr half ihm, indem er ihn zurück auf das Wort Gottes verwies (Lk 7,22–23).

Nachdem Johannes' Jünger gegangen waren, sprach Jesus Johannes großes Lob aus. Die meisten von uns würden solche Anerkennungen dem Wort Gottes wohl jederzeit vorziehen. Wenn wir zwei Türen vor uns hätten, eine mit der Aufschrift »Gefühle« und die andere mit der Aufschrift »Fakten«, würden sich die meisten von uns für die Gefühle entscheiden.

Ich erinnere mich an eine Audioaufnahme, die ich mal gehört habe. Eine Frau erzählte darauf, wie sie einem Mädchen, das schlimme Probleme mit Wut und Groll auf seine Eltern hatte, seelsorgerlich diente. Die Frau auf dem Band sagte, dass sie die Eltern des Mädchens kenne und wisse, dass diese nichts Falsches getan hätten. Sie hätten das Mädchen nie misshandelt und es immer geliebt. Da die Eltern des Mädchens jedoch strenge Regeln aufstellten und nicht wollten, dass ihre Tochter Drogen nahm, Alkohol trank oder vorehelichen Sex hatte, wie es bei anderen Jugendlichen der Fall war, fühlte sich dieses Mädchen von ihren

Eltern eingeengt, nicht geliebt und anderes mehr. Die Frau auf dem Band räumte ein, dass das, was dieses Mädchen über seine Eltern dachte, zwar nicht stimmte, für das Mädchen aber dennoch wahr war, weil es dies so empfand. Also ging diese Frau auf das Mädchen ein und erklärte ihm, wie es seinen Eltern vergeben und lernen könne, loszulassen.

Als ich das hörte, übernahm mein Fleisch kurz das Ruder. Ich wurde so wütend, dass ich die Kassette aus dem Abspielgerät riss und sie aus dem Fenster warf. Das ist zwar keine empfehlenswerte Reaktion, aber die ganze Situation hat mich einfach derart in Rage gebracht. Obwohl diese Frau wusste, dass die Wahrnehmung des Mädchens nicht der Realität entsprach, beschloss sie, so zu tun, als wäre es der Fall, bloß weil das Mädchen sich so »fühlte«. Damit hat sie gewissermaßen Gefühle über die Wahrheit gestellt.

Ich hingegen hätte gesagt: »Hey, du hast das Ganze falsch interpretiert. Du denkst, nur weil deine Eltern zu etwas Nein gesagt haben, sind sie gegen dich. So ist es aber keineswegs.« Ich würde versuchen, das Übel an der Wurzel zu packen, denn auch wenn vielleicht dem Mädchen auf diese Weise gedient wurde, sie sich danach besser gefühlt hat und ihren Eltern vergeben konnte, wird irgendwann ein anderes Problem auftauchen. Andere werden kommen, die Nein zu ihr sagen oder ihr einen Wunsch verweigern. Doch sie wird sich nie mit der Wurzel des Problems befassen, nämlich mit ihrer eigenen Ichbezogenheit und Blindheit gegenüber der Wahrheit.

Gefühle oder Fakten

Solange du durchs Leben gehst und denkst, dass alle anderen das Problem sind, wirst du nie frei von Problemen sein. Es kommt nicht darauf an, was andere Menschen tun, wichtig ist, wie du darauf reagierst. Wenn du das verstehst, wirst du empfangen können und in Freiheit leben.

Wenn wir die Wahl hätten, durch welche der beiden Türen – »Gefühle« oder »Fakten« – wir gehen, würden die meisten Menschen deshalb die erste wählen, weil uns ein gutes Gefühl wichtiger ist, als die Wahrheit zu erfahren. Deshalb würden die meisten von uns im Umgang mit einer Person, die Zweifel äußert – und das damit einhergehende emotionale Trauma durchlebt –, einfach die Arme um sie legen und versuchen, ihr ein tröstliches Gefühl zu vermitteln. Jesus ging jedoch ganz anders vor. Der Herr lenkte Johannes den Täufer zurück zum Wort (Lk 7,22–23). Er gab ihm die Wahrheit (Joh 14,6 und 17,17).

Um mit deinen Zweifeln fertig zu werden, um im Leben bestehen zu können und all die Dinge zu überwinden, die deinen Weg kreuzen, musst du an einen Punkt gelangen, an dem du dich nicht ständig danach sehnst oder dafür betest, dass jedes Mal, wenn du down bist, jemand kommt und dir wieder Auftrieb gibt. Versteh bitte nicht falsch, was ich damit sagen will. Jeder von uns hat Zeiten, in denen er Hilfe benötigt. Du bist keine Insel, also sei nicht zu stolz, Hilfe anzunehmen. Ich möchte dich aber dazu ermutigen, nicht permanent zu erwarten, dass dir jemand zur Hilfe eilt. Mach dein Leben nicht davon abhängig, dass alle anderen das Richtige tun und immer nette Dinge über dich sagen. Geh ins Wort Gottes und lass sein Wort dein Fundament sein.

Ich will aber dafür Sorge tragen, dass ihr euch auch nach meinem Abschied jederzeit diese Dinge in Erinnerung rufen könnt. Denn wir sind nicht klug ersonnenen Legenden gefolgt, als wir euch die Macht und Wiederkunft unseres Herrn Jesus Christus wissen ließen, sondern wir sind

Augenzeugen seiner herrlichen Majestät gewesen. Denn er empfing von Gott, dem Vater, Ehre und Herrlichkeit, als eine Stimme von der hocherhabenen Herrlichkeit an ihn erging: »Dies ist mein geliebter Sohn, an dem ich Wohlgefallen habe!« Und diese Stimme hörten wir vom Himmel her ergehen, als wir mit ihm auf dem heiligen Berg waren.
— 2. Petrus 1,15–18

Petrus sagte: »Ich bin bestrebt, diese Dinge aufzuschreiben, damit ihr nach meinem Tod noch eine Niederschrift von dem habt, was ich euch gesagt habe.« Warum wollte er das tun? Petrus erklärt uns, warum: »Weil wir mit euch nicht über Dinge gesprochen haben, die wir uns ausgedacht haben. Das sind keine Fabeln oder Märchen. Das ist die Wirklichkeit. Dieses Wort, von dem wir euch erzählt haben, die Dinge, die wir gesehen und gehört haben – sie sind real.« Petrus versuchte lediglich, seine Botschaft zu bekräftigen.

Schekina-Herrlichkeit

Das wäre so, als würde ich in deine Stadt kommen und über Rundfunk, Fernsehen und soziale Medien kundtun: »Gott ist mir erschienen. Ich habe drei Engel gesehen, zwei Träume gehabt und eine Prophezeiung bekommen. Kommt in den Veranstaltungssaal des Stadthotels und ich erzähle euch, was Gott zu mir gesprochen hat.« Wenn ich dafür Werbung machen und es richtig aufbauschen würde, könnte das Hotel die Besucherzahl gar nicht bewältigen. Die Leute würden zu Tausenden kommen, um jemanden zu hören, dem Gott gerade erschienen ist und der ihnen ein spezifisches Wort für ihre Stadt geben will.

Das ist es, was der Apostel Petrus in 2. Petrus 1,16–18 tat. Er sagte: »Hey, die Dinge, die ich euch erzählt habe – diese Dinge sind nicht erfunden.« Dann erwähnt er eine übernatürliche Begegnung, die er persönlich erlebt hat:

> *Und nach sechs Tagen nahm Jesus den Petrus, den Jakobus und dessen Bruder Johannes mit sich und führte sie beiseite auf einen hohen Berg. Und er wurde vor ihnen verklärt, und sein Angesicht leuchtete wie die Sonne, und seine Kleider wurden weiß wie das Licht. Und siehe, es erschienen ihnen Mose und Elia, die redeten mit ihm. Da begann Petrus und sprach zu Jesus: Herr, es ist gut, dass wir hier sind! Wenn du willst, so lass uns hier drei Hütten bauen, dir eine und Mose eine und Elia eine. Als er noch redete, siehe, da überschattete sie eine lichte Wolke, und siehe, eine Stimme aus der Wolke sprach: Dies ist mein geliebter Sohn, an dem ich Wohlgefallen habe; auf ihn sollt ihr hören! Als die Jünger das hörten, fielen sie auf ihr Angesicht und fürchteten sich sehr. Und Jesus trat herzu, rührte sie an und sprach: Steht auf und fürchtet euch nicht! Als sie aber ihre Augen erhoben, sahen sie niemand als Jesus allein. — Matthäus 17,1–8*

Jesus nahm drei seiner Jünger – Petrus, Jakobus und Johannes – mit auf einen Berg und dort wurde Christus vor ihren Augen verklärt. Er fing buchstäblich an, Licht auszustrahlen. Als Petrus das sah, fiel er auf sein Gesicht. Dann sah Petrus auch noch Mose und Elia mit Jesus sprechen. Er wurde Zeuge, wie sie sich mit ihm darüber unterhielten, was bei seiner Kreuzigung geschehen würde. Als Petrus all dies sah, wollte er drei Stiftshütten bauen. Etwa zur gleichen Zeit wurden sie von einer Wolke überschattet – der Schekina-Herrlichkeit Gottes – und eine hörbare Stimme kam aus dieser Wolke. Dies ist das Ereignis, auf das sich Petrus in 2. Petrus 1 bezog.

Übernatürliche Ereignisse

Petrus sagte: »Ich weiß, dass das, was ich euch erzähle, wahr ist. Ich weiß, dass Jesus der Christus ist, denn ich habe ihn verherrlicht gesehen. Ich sah, wie er im wahrsten Sinne des Wortes Licht ausstrahlte. Er hat es nicht reflektiert, wie es bei Mose der Fall war. Er strahlte – das Licht ging von ihm aus. Ich sah die Schekina-Herrlichkeit Gottes, die einst den Tempel überschattete und bewohnte. Das habe ich gesehen. Ich habe Gott den Vater deutlich vernehmbar vom Himmel her sprechen hören.« Warum erwähnte Petrus all diese übernatürlichen Ereignisse? Hier ist der Grund: »Um zu bestätigen, dass die Botschaft, die ich euch verkünde, wahr ist. Jesus ist der Christus. Ich weiß es aufgrund dieser wundersamen Dinge.«

Doch sieh dir an, was er als Nächstes sagt:

> *Wir haben auch noch ein zuverlässigeres Wort der Prophezeiung. — 2. Petrus 1,19a KJV*

Das ist eine erstaunliche Aussage. Wie schon gesagt, wenn ich in deine Stadt käme und erklärte: »Gott ist mir erschienen; ich hatte diese Vision, diesen Traum«, würden die Menschen zu Tausenden kommen. Doch was wäre, wenn ich käme und sagte: »Gott hat durch sein Wort zu mir gesprochen. Er hat mich Wahrheiten aus seinem Wort gelehrt, die mein Leben verändert haben und die auch deines verändern könnten. Komm zu dieser Versammlung«? Weißt du, was dann wäre? Es würden weitaus weniger Menschen kommen, denn die Zahl der Menschen, die dem Wort Gottes die gleiche große Bedeutung und denselben Wert beimessen wie einer Vision, einem Engel oder einem Traum, ist wesentlich geringer. Petrus sagte jedoch: »Wir haben ein zuverlässigeres Wort der Prophezeiung.«

Was könnte zuverlässiger sein als der Anblick des verklärten Jesus? Oder Mose, Elia und die Schekina-Herrlichkeit Gottes zu sehen? Oder die vernehmbare Stimme des Vaters zu hören? Womit ließe sich das übertreffen?

> *Dabei sollt ihr vor allem das erkennen, dass keine Weissagung der Schrift von eigenmächtiger Deutung ist. Denn niemals wurde eine Weissagung durch menschlichen Willen hervorgebracht, sondern vom Heiligen Geist getrieben haben die heiligen Menschen Gottes geredet.*
> *— 2. Petrus 1,20–21*

Ist dir bewusst, was Petrus hier zum Ausdruck bringt? Er erklärt: »Wir haben etwas, das noch besser ist als die Dinge, von denen ich euch berichtet habe, und das ist das Wort Gottes. Das Wort Gottes bestätigt, dass Jesus der Christus ist.« Das ist einfach großartig! Es begeistert mich total.

Gottes System

Für viele Menschen ist das Wort Gottes einfach nicht so wichtig. Gäbe es eine Tür mit der Aufschrift »Das Wort Gottes« und eine andere mit der Aufschrift »Visionen und Träume«, würden auch hier wieder die meisten Menschen den Schlüssel zu der Tür haben wollen, die zu den Träumen, Visionen und anderen übernatürlichen

Dingen führt. Doch wirklich verändert wirst du nur, wenn du das Wort Gottes ergreifst, es zur Grundlage deines Lebens zu machen beginnst und dein ganzes Dasein darauf gründest. Das ist Gottes System. Ohne im Wort Gottes wirklich gereift zu sein, können wir mit Visionen, Träumen und physischen Manifestationen gar nicht richtig umgehen; dieser Reifeprozess sollte also vor dem Wunsch nach mehr übernatürlichen Dingen stehen.

Das größte Geschenk, das Gott uns gemacht hat, abgesehen von unserer persönlichen Errettung, ist die Bibel. Und der Heilige Geist wird sie für uns auslegen und Gottes Wort in uns lebendig werden lassen. Das Wort Gottes ist das größte Geschenk, das wir überhaupt haben können, und die meisten von uns wissen es einfach nicht richtig zu schätzen.

KAPITEL 26

Trainiere deinen Verstand

Das Wort Gottes ist in jeder Hinsicht die Grundlage für ein gelingendes Leben als Christ. Wenn du wirklich Erfolg haben willst, musst du das Wort Gottes richtig kennen – nicht bloß etwas darüber wissen. Du solltest nicht einfach sagen: »Nun ja, der Pastor hat gesagt, dass es Gottes Wille ist, zu heilen.« Du musst selbst in Gottes Wort eintauchen. Gottes Wort muss zu dir sprechen. Du musst diese Dinge direkt von Gott erfahren.

Wie Petrus offenbarte, ist Gottes Wort »ein zuverlässigeres Wort der Prophezeiung« (2Petr 1,19 KJV).

Petrus wusste, dass seine Botschaft wahr war, denn er hatte den verherrlichten Jesus gesehen, Gottes hörbare Stimme vernommen und Mose und Elia im Geist mit dem Herrn sprechen sehen. Doch dann fügte Petrus hinzu: »Ich habe noch etwas viel Besseres als das.« Die Gläubigen haben das geschriebene Wort Gottes!

Gänsehaut

Wenn du das Gänsehautgefühl, das mit einer physischen Manifestation verbunden ist, der Gewissheit vorziehst, die von Gottes Wort kommt, dann hast du ein Problem in deinem Leben. Das hast du wirklich. Ich sage das nicht, um dich zu verletzen, sondern um darauf hinzuweisen, dass die meisten Menschen dem Wort Gottes nicht den richtigen Stellenwert einräumen. Wie viel Zeit verbringst du im Wort Gottes, jetzt, da du fast am Ende dieses Buches angelangt bist? Wie viel Zeit investierst du wirklich darin, Gottes Wort zu studieren?

Mir ist durchaus bewusst, dass wir in unserem Leben verschiedene Phasen durchlaufen. Ich erzähle oft, dass ich als Soldat in Vietnam dreizehn Monate lang sechzehn Stunden am Tag das Wort Gottes studiert habe. Das stimmt, und es hat mein Leben sehr geprägt. Doch jetzt kann ich nicht mehr sechzehn Stunden am Tag im Wort Gottes verbringen. Wenn ich sechzehn Stunden am Tag in der Bibel lesen würde, liefe das dem zuwider, was Gott mir aufgetragen hat. So hat jeder von uns verschiedene Lebensphasen.

Wenn du dich in einer Phase deines Lebens befindest, in der du dich einfach zurückziehen und zusammen mit Gott in seinem Wort sein kannst, dann nutze die Gelegenheit. Es wird dir nicht schaden. Es kann dir nur von Vorteil sein. Ich sage nicht, dass du sechzehn Stunden am Tag das Wort Gottes studieren musst, aber du solltest schon etwas Zeit darin verbringen.

Wenn du dann genügend Stoff gelesen und studiert hast, solltest du darüber meditieren, denn das ist mit das Beste, was du tun kannst. Man muss nicht mehr als zwanzig oder dreißig Minuten im Wort Gottes verbringen, um ausreichend Material für tagelange oder gar wochenlange Meditation zu bekommen. Auf diese Weise verbringe ich einen Großteil meiner Zeit mit dem Wort Gottes.

Ich studiere im Schnitt rund ein bis zwei Stunden pro Tag das Wort Gottes. Beim Autofahren höre ich mir zudem Audioaufnahmen an. Ich beschäftige mich ständig mit dem Wort Gottes; für mich bedeutet das, im Wort Gottes zu sein.

Sich sorgen ist Meditation

Wusstest du, dass die ersten neutestamentlichen Gemeinden keine Bibel hatten, wie sie uns heute zur Verfügung steht? Sie besaßen zwar die Schriften des Alten Testaments, aber diese Schriften waren auf großen Schriftrollen festgehalten und befanden sich hauptsächlich im Besitz der Synagogen. Für gewöhnlich besaßen Christen kein Exemplar der Heiligen Schrift, und doch beschäftigten sie sich ständig mit dem Wort Gottes. Wie gelang ihnen das? Indem sie kontinuierlich über das nachdachten, was Jesus gesagt hatte. Die allerersten Jünger hatten nicht einmal eine Abschrift dessen, was der Herr gesagt hatte. Sie konzentrierten sich einfach auf ihn, verbrachten vermehrt Zeit im Gebet und ließen sich vom Heiligen Geist die Dinge, die Jesus gesagt hatte, ins Gedächtnis zurückrufen. Das bedeutete es für sie, im Wort zu sein.

Man muss nicht zwingend vor der aufgeschlagenen Bibel sitzen und darin lesen, um im Wort Gottes zu sein. Wenn du dein Denken auf den Herrn gerichtet hältst und durch deine Gedanken im Herzen mit ihm kommunizierst, bist du im Wort. Du sinnst über die Heilige Schrift nach.

Es gibt natürlich Momente, in denen man Lexika, Konkordanzen und andere Nachschlagewerke zur Hand nehmen muss, um das Wort Gottes zu verstehen und herauszufinden, was es wirklich aussagt. Wenn der Herr mir Dinge zeigt, nehme ich verschiedene Bibelversionen zur Hand und schlage diese Dinge nach. Ich verbringe eine halbe bis eine Stunde mit Nachschlagen, danach bleibe ich aber noch zwei oder drei Stunden sitzen, lehne mich zurück und denke über das soeben Gelesene nach. Dabei habe ich nicht einmal meine Bibel aufgeschlagen. Ich denke einfach über das, was ich gelesen habe, nach und lasse die Wahrheiten und Gedanken tief in mich einsinken. Das bedeutet es, im Wort Gottes zu sein.

Mir ist sehr wichtig, dass kein Missverständnis bestehen bleibt, denn ich habe dem Wort Gottes eine derart große Bedeutung beigemessen, dass du vielleicht denkst: *Also, ich kann mich nicht vierundzwanzig Stunden am Tag mit dem Wort Gottes beschäftigen. Ich kann dem nicht gerecht werden.* Vielleicht fühlst du dich überfordert und bist versucht, von vornherein aufzugeben. In Wahrheit meditierst du aber ständig. Du weißt es vielleicht nicht, aber du tust es.

Sorge ist nichts anderes als das Meditieren über negative Dinge, die passieren könnten. Für gewöhnlich machen sich die Menschen Sorgen über Ereignisse, die noch gar nicht eingetreten sind. Sie können vielen verschiedenen Tätigkeiten nachgehen – arbeiten, Auto fahren, die Kinder zur Schule bringen, das Haus putzen, den Nachwuchs betreuen – und doch verlässt diese Sorge nie ihr Herz und ihren Verstand. Sich sorgen ist Meditation.

Völlig auf den Kopf gestellt

Genauso wie du deine Gedanken auf negative Dinge richten kannst, kannst du sie auch auf positive Dinge richten. Das kannst du wirklich (Phil 4,6–9). Ich verbringe zum Beispiel gerne Zeit mit dem Herrn, indem ich mich in mein Auto setze, eine Lobpreis- oder Lehr-CD einlege und einfach losfahre. Ich kann stundenlang fahren und über Dinge meditieren, die Gott zu mir spricht. Wenn ich mich richtig auf etwas konzentrieren will, was der Herr mir sagt, und wenn ich Anweisungen für eine bestimmte Sache erhalte, lege ich normalerweise eine Lobpreis-CD ein, damit ich meine Aufmerksamkeit nicht auf Lehrinhalte richten muss. Ich singe dann einfach zu den Lobpreis- und Anbetungsliedern mit, während mein Geist über Gott und über das, was er zu mir spricht, nachdenkt. Ich habe eine großartige Zeit, und auch das bedeutet, im Wort Gottes zu sein.

Du magst vielleicht nicht in der Lage sein, stundenlang nur dazusitzen und das Wort Gottes zu lesen, aber du kannst darüber meditieren. Allerdings kann man nicht über etwas meditieren, von dem man keine Kenntnis hat.

Wenn du noch ganz am Anfang stehst, wird das soeben Beschriebene für dich nicht funktionieren. Bei mir war es so, dass mein Leben erst einmal völlig auf den Kopf gestellt wurde. Als ich den Herrn zu suchen begann, verbrachte ich sechzehn Stunden am Tag damit, das Wort Gottes zu lesen, weil ich nicht wusste, was darin stand. Obwohl ich alles durchgelesen und auch gewisse Verweise gehört hatte, kannte ich den Kontext der verschiedenen Verse und Passagen nicht. Ich war nicht so vertraut damit, dass ich mir all diese Aussagen einfach aus dem Gedächtnis ins Bewusstsein hätte zurückrufen können.

Falls du also noch kein bisschen vertraut damit bist, wirst du dich vielleicht erst einmal irgendwohin zurückziehen und jede freie Minute nutzen müssen, um das Wort Gottes zu lesen. Sobald du etwas besser Bescheid weißt, kannst du die Zeit, die du im Wort Gottes verbringst, problemlos verlängern, indem du einfach deine Gedanken auf Gott gerichtet hältst und immer wieder über das Wort nachsinnst. Dadurch wird die wahre Kraft freigesetzt.

Kontraproduktiv

Als ich damals sechzehn Stunden am Tag im Wort Gottes verbrachte, hat es in meinem Leben nicht annähernd so gut gewirkt wie heute. Das Wort Gottes zeigt in meinem Leben heute sehr viel mehr und bessere Wirkung als vor all den Jahren, als ich zwei Drittel des Tages damit verbrachte, es zu lesen.

Das soll den Nutzen, der damit verbunden ist, einfach dazusitzen und das Wort Gottes zu studieren, nicht schmälern. Ich sage nur, es kommt darauf an, wie gut man das Wort Gottes kennt und wie weit es das eigene Leben bestimmt. Wenn ich ins Büro gehe, bleibe ich mit meinen Gedanken bei Gott. Ich habe Gemeinschaft mit ihm. Ich bin inzwischen so weit, dass ich meinen Geist auf Gott eingestellt lassen und auf ihn hören kann. Genau das ist es, worauf du letztlich hinarbeiten musst. Gottes Wort muss zu deinem Fundament werden.

Ich weiß, dass dir das, was ich hier sage, im Moment unerreichbar scheint, aber du kannst es schaffen.

> *Denn obwohl wir im Fleisch wandeln, kämpfen wir nicht nach dem Fleisch; denn die Waffen unseres Kampfes sind nicht fleischlich, sondern mächtig für Gott zur Zerstörung von Festungen; so zerstören wir überspitzte Gedankengebäude und jede Höhe, die sich gegen die Erkenntnis Gottes erhebt, und nehmen jeden Gedanken gefangen unter den Gehorsam Christi.* — 2. Korinther 10,3–5 ELB

Beachte, es heißt, dass wir jeden Gedanken gefangen nehmen sollen. Jeden Gedanken! Du kannst tatsächlich dahin kommen, dass jeder Gedanke, den du hast, Gott und seinem Wort unterworfen ist. Du sagst jetzt vielleicht: »Das kann nicht sein. Du träumst doch.« Nun, dann weck mich nicht auf, denn bei mir funktioniert es. Es *ist* möglich, und genau das zeigt diese Bibelstelle.

Das ist das Potential, das wir haben, doch es kommt nicht ohne unseren Einsatz zur Entfaltung. Wir müssen unseren Verstand so trainieren, dass er auf die Dinge Gottes ausgerichtet bleibt. Die Art und Weise, wie viele von uns mit ihrem Fernsehkonsum und anderen ablenkenden Dingen umgehen, ist natürlich kontraproduktiv, was aber nicht heißt, dass die Sache an sich unmöglich ist.

Fokussiert

Hier kommt der Nutzen zum Tragen:

> *Einem festen Herzen bewahrst du den Frieden, den Frieden, weil es auf dich vertraut. — Jesaja 26,3*

Über das Wort Gottes zu meditieren, ist eine Methode, wie du dein Denken darauf trainieren kannst, ganz auf Gott fokussiert zu bleiben.

> *Denn die Gesinnung des Fleisches ist Tod, die Gesinnung des Geistes aber Leben und Frieden. — Römer 8,6* ELB

Was ist fleischliche Gesinnung? Es bedeutet, dass man nicht mit seinem ganzen Denken auf Gott ausgerichtet ist. Aber geistlich gesinnt zu sein – oder auf Gott und sein Wort ausgerichtet zu sein –, bedeutet Leben und Frieden.

Leben, Frieden, Gemeinschaft, Stabilität und Fruchtbarkeit – all das und noch mehr wird dir in zunehmendem Maße zuteilwerden, wenn du dein Leben auf das sichere Fundament von Gottes Wort baust!

EIN LETZTES WORT

Die Wahrheiten, die ich dir in diesem Buch vermittelt habe, haben mein Leben verändert, und ich weiß, dass sie auch dein Leben verändern werden, wenn du sie annimmst und sie umsetzt.

Der Herr hat mir Tausende von Wahrheiten gezeigt, die mich und andere frei gemacht haben. Alle diese Wahrheiten kamen allerdings durch die Offenbarung seines Wortes. Ich kann wahrheitsgemäß sagen, dass mein Leben eine Katastrophe wäre, wenn Gottes Wort und der Heilige Geist mir nicht die Offenbarung seines Wortes gegeben hätten. Mein Sohn wäre heute nicht mehr am Leben. Ich hätte keine Enkelin. Ich wäre immer noch ein introvertierter Mensch. Manche Dinge, die das Leben mir zugemutet hat, hätte ich vielleicht gar nicht überlebt. Ganz sicher jedenfalls hätte ich nicht meine Bestimmung erfüllt und den Dienst verrichtet, den Gott für mich vorgesehen hatte.

Der Einfluss von Gottes Wort auf mein Leben ist abgesehen von der Wiedergeburt und der Taufe im Heiligen Geist das Wichtigste, was mir je widerfahren ist. Tatsache ist, dass ich ohne Gottes Wort die Wiedergeburt und die Kraft des Heiligen Geistes gar nicht erlebt hätte.

In 1. Petrus 1,23 heißt es, dass wir durch den unvergänglichen Samen (*spora/sperma*) des Wortes Gottes wiedergeboren werden. Alles, was zum Leben und zur Gottgefälligkeit gehört, wird uns durch Gottes Wort gegeben (2Petr 1,3–4).

Ich appelliere an dich, das Studium von Gottes Wort zu einer Priorität in deinem Leben zu machen. Der Teufel wird versuchen, dir Gottes Wort zu entreißen, indem er es durch Verfolgung und/

oder jede Menge Beschäftigung mit anderen Dingen erstickt und es wirkungslos macht. Schlussendlich hast aber du das letzte Wort. Der Teufel kann ohne deine Zustimmung und dein Mitwirken nichts von alledem erfolgreich ausführen.

Wenn du nicht weißt, wo oder wie du anfangen sollst, schlage ich vor, dass du mit den Bibelstellen beginnst, die ich in diesem Buch verwendet habe. Schlag sie in deiner Bibel nach und betrachte sie in ihrem Kontext. Meditiere über diese Stellen und bitte den Herrn, diese Wahrheiten zu den deinen zu machen. Lass sie in dir Wurzeln schlagen.

Dann solltest du mit dem Lesen der Evangelien beginnen. Du brauchst ein gutes Verständnis des neuen Bundes, bevor du dich mit dem Alten Testament beschäftigst. Darüber hinaus empfehle ich dir, Lehrmaterial von erfahrenen Lehrern zu besorgen, in deren Leben die Zeichen von wahren Dienern des Wortes Gottes erkennbar sind (Mk 16,20).

Ich bete, dass die Worte, die ich in diesem Buch zu dir gesprochen habe, in deinem Herzen brennen und ein Feuer entfacht haben, das nie mehr erlöschen wird.

Das Beste liegt noch vor dir!

Andrew Wommack

EMPFANGE JESUS ALS DEINEN RETTER

Jesus Christus als deinen Herrn und Retter anzunehmen, ist die wichtigste Entscheidung, die du jemals treffen wirst! Gottes Wort verspricht:

> *Denn wenn du mit deinem Mund Jesus als den Herrn bekennst und in deinem Herzen glaubst, dass Gott ihn aus den Toten auferweckt hat, so wirst du gerettet. Denn mit dem Herzen glaubt man, um gerecht zu werden, und mit dem Mund bekennt man, um gerettet zu werden. — Römer 10,9–10*
> *Denn:* ***»Jeder, der den Namen des Herrn anruft, wird gerettet werden«****. — Römer 10,13*

In seiner Gnade hat Gott bereits alles getan, um dir Errettung anbieten zu können. Dein Teil besteht einfach nur darin, zu glauben und zu empfangen. Bete laut:

> *Jesus, ich bekenne, dass du mein Herr und Retter bist. Ich glaube in meinem Herzen, dass Gott dich von den Toten auferweckt hat. Im Glauben an dein Wort empfange ich jetzt die Errettung. Danke, dass du mich erlöst hast!*

Im selben Moment, in dem du dein Leben Jesus Christus übergibst, erfüllt sich augenblicklich die Wahrheit seines Wortes in deinem Geist. Weil du von neuem geboren bist, besitzt du jetzt ein völlig neues Ich!

EMPFANGE DEN HEILIGEN GEIST

Dein dich liebender himmlischer Vater möchte dir als seinem Kind die übernatürliche Kraft geben, die du brauchst, um dieses neue Leben auch auszuleben.

> *Denn jeder, der bittet, empfängt; und wer sucht, der findet; und wer anklopft, dem wird aufgetan. … wie viel mehr wird der Vater im Himmel [den] Heiligen Geist denen geben, die ihn bitten! — Lukas 11,10.13b*

Alles, was du tun musst, ist bitten, glauben und empfangen! Bete: *Vater, ich erkenne, dass ich deine Kraft brauche, um dieses neue Leben auszuleben. Bitte erfülle mich mit deinem Heiligen Geist. Im Glauben empfange ich ihn genau jetzt! Danke, dass du mich getauft hast. Heiliger Geist, du bist in meinem Leben willkommen!*

Gratuliere – du bist jetzt mit Gottes übernatürlicher Kraft erfüllt!

Einige Silben einer dir unbekannten Sprache werden nun aus deinem Herzen zu deinem Mund aufsteigen. Wenn du sie im Glauben laut aussprichst, setzt du Gottes Kraft in deinem Inneren frei und erbaust dich selbst im Geist (1Kor 14,4.14). Du kannst dies tun, wann und wo immer du möchtest!

Es spielt eigentlich keine Rolle, ob du etwas gespürt hast oder nicht, als du gebetet hast, um den Herrn und seinen Geist zu empfangen. Wenn du in deinem Herzen geglaubt hast, dass du empfangen hast, dann ist es auch so, denn Gottes Wort verspricht: »Darum sage ich euch: Alles, was ihr auch immer im

Gebet erbittet, glaubt, dass ihr es empfangt, so wird es euch zuteilwerden!« (Mk 11,24). Gott ist seinem Wort immer treu. Glaub es!

Bitte nimm Kontakt zu uns auf und lass es uns wissen, wenn du eines oder beide dieser Gebete gebetet hast. Wir würden uns gern mit dir freuen und dir ein Geschenk zusenden, das dir hilft, deine neue Beziehung zum Herrn zu verstehen und darin zu wachsen.

Damit wollen wir dir einfach sagen: *Willkommen in deinem neuen Leben!*

ÜBER DEN AUTOR

Als **Andrew Wommack** am 23. März 1968 der übernatürlichen Liebe Gottes begegnete, wurde sein Leben für immer verändert. Seit vielen Jahrzehnten bereist Andrew Amerika und die Welt und lehrt die Wahrheit des Evangeliums. Seine tiefe Offenbarung von Gottes Wort vermittelt er mit Klarheit und Schlichtheit. Dabei legt er seinen Schwerpunkt auf Gottes bedingungslose Liebe und das Gleichgewicht zwischen Gnade und Glauben. Mit seinem Programm auf *GospelTruth.TV* erreicht er fast die Hälfte der Weltbevölkerung. 1994 gründete er das *Charis Bible College* (Charis) und hat seither Charis-Standorte in verschiedenen Großstädten Amerikas und weltweit eröffnet. Andrew hat eine Fülle an Lehrmaterial in gedruckter Form und im Audio- und Videoformat veröffentlicht, von dem das meiste kostenlos von seiner Website abgerufen werden kann.

Du kannst das AWM-Team per Brief, Mail
oder Telefon kontaktieren:

Andrew Wommack Ministries gGmbH
Postfach 56 03 02, 60407 Frankfurt am Main, Deutschland
info@andrewwommack.de | +49 69 64357850
Gebets-Hotline: +49 69 643578578
www.andrewwommack.de

Gospel Truth

mit Andrew Wommack

Veränderte **Herzen**

Erneuertes **Denken**

Verändertes **Leben**

Zeugnisse kommen von Menschen aus aller Welt,
die sich in das Wort Gottes vertieft haben.

Sieh Andrew Wommack in der täglichen
Gospel Truth Fernsehsendung.
Du findest die lokalen Sendezeiten und kannst
die Sendungen online unter andrewwommack.de/video
oder awmi.net/video anschauen.

CHARIS
BIBLE COLLEGE
Verändere dein Leben.
Verändere die Welt.
Erfahre mehr über das Charis Bible College unter entdeckecharis.jetzt oder schreib uns eine E-Mail an info@charisbiblecollege.de oder ruf uns an unter +49 69 643 578 540.
Das Charis Bible College hat Standorte in den Vereinigten Staaten und rund um den Globus. Um den Campus in deiner Nähe zu finden, besuche CharisBibleCollege.org/campus-locations.

Weitere Bücher von Andrew Wommack:

Erfahre, wie man von Gott erfüllt bleibt

Dein neues Ich & der Heilige Geist

Leben in Gottes Fülle

Die Macht deiner Vorstellungskraft

Du hast schon alles, was du brauchst!

Ein verhärtetes Herz

Die Vollmacht des Gläubigen

10 Gründe für ein Leben mit dem Heiligen Geist

Heilung: Gottes Wille für dich

Ein besserer Weg zu beten

Wie man auf dem Wasser geht

Begrenze Gott nicht

Mehr Gnade, größere Gunst